海洋工程装备制造业供应链企业间合作关系研究

乔　琳　丁莹莹　著

哈爾濱工業大學出版社

图书在版编目（CIP）数据

海洋工程装备制造业供应链企业间合作关系研究／乔琳，丁莹莹著．—哈尔滨：哈尔滨工业大学出版社，2023.2

ISBN 978-7-5767-0684-0

Ⅰ．①海…　Ⅱ．①乔…　②丁…　Ⅲ．①海洋工程－装备制造业－工业企业－供应链管理－研究－中国　Ⅳ．①F426.474

中国国家版本馆 CIP 数据核字（2023）第 056270 号

策划编辑　常　雨
责任编辑　佟　馨
装帧设计　博鑫设计
出版发行　哈尔滨工业大学出版社
社　　址　哈尔滨市南岗区复华四道街 10 号　邮编 150006
传　　真　0451－86414749
网　　址　http：//hitpress.hit.edu.cn
印　　刷　哈尔滨市颉升高印刷有限公司
开　　本　787mm×1092mm　1/16　印张 9.25　字数 180 千字
版　　次　2023 年 2 月第 1 版　2023 年 2 月第 1 次印刷
书　　号　ISBN 978-7-5767-0684-0
定　　价　65.00 元

前　　言

为加快实现海洋工程装备制造业的发展目标，海洋工程装备制造业供应链节点企业选择与研发、生产制造、中介等企业协同合作，促进海洋工程装备制造业专业化分工与资源合理配置，逐步完善海洋工程装备制造业供应链节点企业间合作管理与升级。现有研究大多集中在海洋工程装备制造业技术发展、产业核心竞争力提高、海洋工程装备制造业供应链构建等方面，缺少供应链企业间合作的相关研究。为改善海洋工程装备制造业供应链企业间合作关系、合作绩效，需要深入探索海洋工程装备制造业供应链企业间合作的动力、合作关系的构建与维持，并进一步阐述海洋工程装备制造业供应链企业间合作的保障机制等。

本书首先在海洋工程装备制造业供应链企业间合作动因分析的基础上，引入扎根理论的研究方法识别出影响海洋工程装备制造业供应链企业间合作过程的主要因素，并利用GRNN－DEMATEL（广义回归神经网络－实验法）对影响因素进行实证分析，研究结果表明，企业运营及技术能力、企业声誉、企业间合作意愿是海洋工程装备制造业供应链企业间合作伙伴选择的重要依据；供应链企业间信任、企业间沟通协调是合作关系维系的重要保障，机会主义行为具有不可避免性；外部环境作为结果型影响因素是海洋工程装备制造业供应链企业间合作关系研究的重要切入点。

其次，运用微粒群算法和改进的TOPSIS（Technique for Order Preference by Similarity to an Ideal Solution，优劣解距离法）相结合，以最优和最劣对象之间的最小距离和为标准，构建海洋工程装备制造业供应链企业间合作伙伴选择模型。以海洋工程装备制造业供应链企业间合作行为为因变量，以供应链企业间合作绩效为结果变量，探讨合作行为对合作绩效的影响。研究显示，企业间信任机制、信息共享机制能够促进供应链企业间合作中知识、技术等资源的共享互动，有效降低供应链企业间机会主义行为发生的概率，促进海洋工程装备制造业供应链企业合作健康有序进行。

再次，为更好地应对外部环境不确定性突变和有效降低合作企业间机会主义行为发生的概率，探索基于合作组织即兴视角、信任视角、信息共享视角的海洋工程装备制造业供应链企业间合作的保障机制，构建了企业间信任与组织即兴的理论研究模型，运用多层次回归分析与结构方程，得出结论：供应链企业间柔性、企业间信任能够提升合作企业间组织即兴能力，达到更好地应对外部环境不确定性突变的目的。

最后，多层次剖析了海洋工程装备制造业供应链企业间合作的驱动因素、合作关系维持的影响因素及合作保障机制。合理地构建了影响因素识别模型、合作伙伴选择模型、合作绩效影响模型，提出了海洋工程装备制造业供应链企业间合作的保障机制，突破了海洋工程装备制造业供应链企业间合作的瓶颈，推进了合作的发展，奠定了海洋工程装备制造业供应链管理研究的理论基础，并为海洋工程装备制造业供应链企业间合作提供了参考和借鉴。

本书由哈尔滨师范大学乔琳老师、潍坊科技学院丁莹莹老师共同撰写完成。全书共计18万字，第1章、第3~5章、第7章由乔琳撰写，约15万字；第2章由丁莹莹撰写，约2万字；第6章由乔琳与丁莹莹共同撰写，约1万字。

限于作者水平，书中难免有不妥之处，敬请读者批评指正。

作　者
2023年1月

目　　录

第1章 绪　　论

1.1 研究背景、目的及意义

1.1.1 研究背景

在经济一体化和国际市场竞争日益激烈的形势下，伴随着企业间合作外部环境不确定性和创新复杂性的增加、合作企业间有效信息等资源辨识难度的加大、产品技术更迭速度的加快、企业独立研发技术成功率的降低，简单的企业合作已经无法满足海洋工程装备制造业供应链节点企业的发展需求。海洋工程装备制造业供应链企业间的合作不仅是简单的合作联盟，而且是供应链节点企业以提高企业规模效益、提高技术研发能力、改善企业间合作绩效、有效应对外部环境不确定性带来的风险和挑战为目的，通过资源合理配置、资源共享、技术互动、合作信任、风险共担、组织即兴等途径，构建的能够维持供应链企业间健康有序高效运作的合作模式。因此，完善和推动海洋工程装备制造业供应链企业间合作，对于促进海洋工程装备制造业产业升级、提升产业核心能力、维持海洋经济持续增长、保障海洋开发进程、加快海洋强国建设步伐、维护国家海洋权益具有重要的核心战略意义。

作为海洋高技术发展的重要前提和基础，海洋工程装备是开发、利用和保护海洋的各类装置设备的总称，具有知识技术附加值高、资源消耗率低、发展潜能大、综合收益高等特点。随着海洋科技的进步以及开发利用海洋能力的不断提升，世界各国逐步关注海洋工程装备制造业的发展，在重视海洋工程装备制造业数据提升的同时，制定相关战略政策支持其健康有序发展。预计到2025年世界海洋工程装备的市场需求达到2 600亿美元。我国海域油气资源存量约350亿吨，政府十分重视海洋工程装备造产业和技术的发展，从2010年正式提出海洋工程装备制造业为我国工业发展的重要支柱后，陆续出台《高端装备制造业"十二五"发展规划》《海洋工程装备制造业中长期发展规划》《全国海洋经济发展"十二五"规划》《海洋工程装备制造业持续健康发展行动计划(2017—2020年)》《"十四五"能源领域科技创新规划》等。

我国海洋工程装备制造业供应链企业间合作发展起步较晚，供应链企业间合作模式以及运营管理水平有待提高，主要表现在：第一，我国海洋工程装备制造业供应链企业间合作创新能力及产品合作研发的契合度低,科研技术转化率与创新成果及专利的吸收转化率有待提高。第二,我国海洋工程装备制造业供应链企业间产品配套率低,供应链企业间合作结构相对松散,主体之间合作模式相对单一,企业间机会主义行为频发,协调机制不完善,企业间合作的绩效薄弱。第三,企业生产成本增加、粗放式生产经营方式与环境的矛盾不断升级、企业间合作效应不明显。因此,为有效促进海洋工程装备制造产业升级、提升海洋工程装备制造业技术创新能力及企业运营能力,亟须进一步探讨海洋工程装备制造业供应链企业间合作的特征、合作的动机、合作伙伴的选择、合作的绩效等内容,即通过对海洋工程装备制造业供应链企业间合作机理的认识和分析,为供应链企业间合作的构建与发展提供理论基础。

海洋工程装备制造业供应链指供应链总装企业根据客户的需求及工作海域,进行装备设计和生产任务分配,向供应链上的原材料厂、配套厂、分断厂等提供产品生产订单、物资采购单,最后由总装企业组装成特定的海洋工程装备交付并提供对应服务给客户,即以总装企业为核心,以中间产品为导向,实行高效、均衡、连续的总装合作生产,在空间、时间上展开有序分布式合作。海洋工程装备制造业产品具有技术复杂性、单一生产性、组装备件生产周期长的特点。目前供应链企业间合作已经成为我国海洋工程装备制造业取得突破性进展的重要模式,能够提高产品质量、产品附加值、交货速度、用户满意度等,同时能够降低供应链总成本、加快市场响应速度,实现资源优势互补、增强信息共享水平、改善交流效率、提高规模经济和企业综合实力。因此,海洋工程装备制造业总装企业选择综合实力强、资源占有率大、具有良好企业信誉的长期合作伙伴,对海洋工程装备项目的成功实施尤为重要。

现有研究大多集中在海洋工程装备制造业技术发展、产业核心竞争力、海洋工程装备制造业供应链构建等方面,缺少海洋工程装备制造业供应链企业间合作的相关研究。海洋工程装备制造业供应链企业间合作的动力有哪些?供应链企业如何选择合作伙伴?选择什么样的评价方法更为科学、客观?供应链企业建立合作关系后,合作行为对企业间合作绩效如何作用?海洋工程装备制造业供应链企业间合作中如何更好地应对外部环境中的不确定变化?这些问题不仅具有理论价值,同时具有重要的现实意义,能够为海洋工程装备制造业供应链企业间合作提供一个有效的研究视角。

供应链企业间合作理论是海洋工程装备制造业供应链管理研究的新方向,包括供应链企业间合作动力、合作关系构建与维持、合作保障机制等,能够准确把握海洋工程装备制造业供应链企业间合作的关系研究,将供应链企业间合作关系管理系统化、合理化、规范化,实现海洋工程装备制造业供应链企业间持续、稳定的合作,为海洋工程装备制造业供应链管理提供科学依据和理论指导。

1.1.2　研究目的及意义

1.1.2.1　研究目的

我国海洋工程装备制造业对供应链合作关系缺乏比较清晰的认识，实践中合作关系持续性有待提高，企业间因利益分配不均等导致机会主义频发。为改善海洋工程装备制造业供应链企业间合作关系，提高企业合作绩效，本书从供应链企业间合作动力、合作关系、合作绩效、合作保障机制四个方面，构建供应链企业间合作研究框架，深入研究供应链企业间合作影响因素及要素之间的相互关系，揭示供应链企业间合作机理。通过将供应链管理理论应用于海洋工程装备制造业供应链企业间合作关系管理研究，探索市场竞争日益激烈的国际环境下我国海洋工程装备制造业如何通过高效、有序、健康的合作，实现提升产业核心竞争力的目的，为海洋工程装备制造业供应链企业间合作管理提供理论依据，为政府部门制定海洋工程装备制造业的相关政策提供科学支撑。

1.1.2.2　研究意义

(1)理论意义。

①充实了海洋工程装备制造业供应链企业间合作的管理理论。长期以来，在海洋工程装备制造业的研究中，受到关注较多的是产业竞争力、产业发展战略、产业供应链构建、产业技术创新能力等，鲜有将供应链企业间合作以及供应链管理理论应用到海洋工程装备制造业的研究中。本书基于供应链企业间合作关系与供应链合作机理研究，深入探索供应链企业间合作关系形成的动机、构建及维持，并从关系治理的视角揭示各层次各因素之间的交互作用，丰富了海洋工程装备制造业供应链企业间合作的管理理论。

②丰富了供应链企业间合作理论。关于供应链企业关系的研究成果比较丰富，而将企业合作动力、合作关系的构建、合作行为、合作绩效之间有效结合的研究比较少见。本书构建了基于供应链企业间合作动因的研究、合作关系的构建与维持、合作绩效的理论研究模型，并通过海洋工程装备制造业企业的相关实证研究，进一步扩展了供应链企业间合作关系的研究深度与广度。

③深化了组织即兴理论与供应链企业间合作关系研究。企业间组织即兴是企业应对合作过程中外部环境突变时的应变能力。本书构建了基于供应链企业间组织即兴能力与供应链企业间信任机制的理论研究模型，通过实证研究，为供应链企业在合作过程中如何

更好地应对如经济危机、合作环境突变等的突发性事件提供了一定的理论参考。

(2)实践意义。

本书是对海洋工程装备制造业供应链企业间合作的研究,能够使企业在认清外部环境、技术现状的同时开拓发展思路,促进供应链企业树立通过有效健康的合作模式实现利益价值最大化的共识理念,降低合作风险,提高合作效率。

供应链企业间合作关系的发展遵循合作动因、合作关系的建立、维持与发展的过程,企业需要明确合作的动因,避免盲目参与合作。本书通过合作伙伴选择指标的构建以及合作行为的分析,提高供应链企业合作绩效;通过分析海洋工程装备制造业供应链企业间合作的动因、合作过程中影响因素的识别以及各因素之间的相互关系,为海洋工程装备制造业供应链企业间合作提供有效的分析思路和实践重点。

本书通过实证研究,探寻供应链企业间合作的保障机制,根据研究结论,为海洋工程装备制造业供应链企业间合作关系的维系和改善提出具体的保障机制,包括供应链企业间信任机制、组织即兴机制和沟通协调机制等。

1.2 国内外研究现状

1.2.1 国内研究现状

1.2.1.1 供应链

供应链主要有物流和资金流两个作用,供应链物流是指将原材料分解为零件、半成品和低成本产品并将其从供应链的一个节点运输到另一个节点的过程。供应链的业务流程功能是快速响应市场需求,并确保在正确的时间和地点使用正确的产品来满足客户需求。而供应链总成本是指从原材料采购到最终产品销售到客户手中,整个流程所涉及的成本费用,包括采购成本、物流成本和售后成本。物流成本包括运输、仓储、包装、装卸、流通加工、分配成本,如商业流通成本包括商品价格损失时供应超过需求、库存需求损失以及客户的潜在收入损失。

国内学者或机构对供应链的界定见表1-1。

表1-1 国内学者对供应链的界定

学者或机构名字	定义
中国物流与采购联合会	供应链企业之间的合作是为了实现一定目标和企业之间的利润,是由两个以上的企业在供应链的节点上形成的物流、信息流、资金流的协调关系
马士华	供应链企业间合作是供应链节点企业中的“供应商与制造商”“制造商与经销商”“制造商与客户”“经销商与中介”等之间在一定阶段构建的“信息共享、风险共担、利益分配”的合作机制
汤世强	供应链战略合作伙伴关系是指相互独立的节点企业基于共同的利益目标,彼此信任,吸收整合流通的信息等资源,构建的非正式长期协议关系
尤勇	供应链节点企业在合作中由供应商、制造商、中间商、经销商、客户构建在一段时间内共享信息、共担风险和共享利润的关系,这种关系有利于维持长期稳定的合作链条,提高供应链的整体竞争优势
侯玉华	供应链合作是指在供应链环境中建立两家或两家以上具有独立法人资格且无行政隶属关系的公司,以实现资源共享、优势互补、风险分担等具体目标和利益
王要武,薛小龙	从承包商(供应商)选择、冲突管理、风险管理、创新管理、绩效管理五个关系角度研究建筑业供应链管理应用的研究提出,供应链指从建筑原材料供应商开始,经过承包商、中间商,到最终用户的网络管理框架

供应链企业间合作因素的识别研究,同样是国内学者的研究重点。马士华提出影响供应链战略合作伙伴关系的因素主要有企业规模、行业商誉、技术研发能力、企业经营产品和生产效率、合作精神,同时基于协同合作绩效的研究提出沟通信任能够维持企业间合作的长期运行,合作行为最终通过对合作绩效的作用影响合作的发展方向。张秀萍基于供应链战略联盟的研究提出“企业文化、信誉、信用状况”是供应链企业选取合作伙伴的重要依据。宋华基于供应链企业间矛盾冲突管理研究提出企业间的信息共享、物流管理、产品决策以及商品互补、有效的客户信息反馈等可能导致企业间合作矛盾冲突。高陆等基于供应商评价体系研究提出供应链企业信誉、合作企业文化兼容性、战略一致性是影响企业间合作能力的重要因素。张旭梅基于供应链企业间知识交易的视角研究,认为供应链企业间信任、企业间关系承诺对企业间合作绩效有积极正向影响。

在供应链企业间合作正向影响因素的研究理论基础上,学者在研究供应链企业间合作的不同阶段提出,企业间合作过程中的不同阶段的影响因素存在差异。侯玉华基于供应链企业间合作的动因与构建的研究明确提出,供应链企业间的信任机制、信息共享机制和共赢机制在供应链企业间合作的中后期有重要的影响。廖成林在供应链企业间合作关系与敏捷供应链的研究的基础上，提出企业间合作作为一个整体，为合作提供一个通过信息、资源交换平台，获取自己所需的稀缺资源和能力，在这一过程中，企业间交流、协作、承诺、适应、相互依赖以及信任是保证企业合作顺畅发展的重要因素。徐春宇对不同供应链合作模式进行分类，并根据供应链合作模式下企业间合作关系的特征对其合作关系维持进行探讨，提出并证实战略外包模式下企业间信任程度、信息及知识共享程度与应对外部环境变化的快速反应对整个供应链的效率和企业间合作的影响至关重要。权小峰、党兴华等基于价值投资的研究，提出信任以及不同的投资方式能够在降低投资合作风险的同时改善双方的合作关系。单怡等在研究企业服务供应链合作关系的驱动力中，提出外部环境的变化、服务企业的自身能力、企业间合作过程中的协调状况及专业化程度决定服务企业供应链合作关系的质量，并在一定意义上决定企业的发展方向。章海峰认为供应链节点企业在合作过程中企业间牛鞭效应的反向变动以及信息共享的不对称性会增加企业间合作的风险，最终影响企业间利益分配。

1.2.1.2 供应链企业间合作关系

王桂花基于 R. H. Coase 关于供应链企业间合作关系的研究提出，供应链合作关系本质是节点企业构建并签订的一种协作契约关系，以实现合作企业的个人目标及整体战略目标。中国物流与采购联合会提出供应链合作伙伴关系是在供应链内部两个或两个以上独立节点企业之间形成的一种协调关系，以保证实现某个特定的目标和收益。相对于某个节点企业来说，其包括企业与上游供应商的关系、企业与下游客户的关系，同时也包括企业与第三方物流的关系。马士华认为供应链企业间合作关系是供应商与制造商之间或制造商与经销商之间在一定阶段内形成的“信息共享、风险共担、利益分配”的伙伴关系。陈长彬认为，供应链企业间建立良好协作的关键因素是企业间信任、企业高层的态度和企业间合作意愿、沟通、文化等。尤勇认为，供应链中节点企业合作关系是供应商、制造商、分销商之间在一定时期内共享信息、共担风险、共同获利的协同合作，这种关系有利于维护供应链的长期稳定和提升供应链的整体竞争优势。杨晓敏认为，供应链上的节点企业合作指在相互信任的基础上，双方为实现共同的目标而采取的共担风险、共享利益的最高层次的合作关系，包括：签订长期协议、共担风险、共享收益、共同发展。胡海青基于中小企业运营研究，提出供应链企业间合作关系是中小企业间基于信任、合作范围、沟通协调、资源投入与产品、企业间利益互惠五个方面的协同合作。李忆等提出供应链企业间合作关系中企业间的相互依赖性、企业间彼此信任度是衡量供应链企业间合作关系的重要维度。丁青艳基于复杂网络结构理论提出供应链上成员企业间合作指企业间相互作用和相互依赖及其与外部市场环境相互作用的密切和复杂关系。李金华基于 Lambert 关于供应链企业间合作关系的定义,提出供应链企业间合作关系是基于相互信任、开发、风险共担、利益共享并结合合作企业特征的个性化的商业合作关系。杨红雄认为供应链企业间的知识共享、信息传递、资源流动在很大程度上影响供应链企业间合作。

基于以上研究,供应链合作关系的主要目的是通过供应链节点企业间合作提高信息共享水平,提高企业间合作信任,满足企业个体战略目标,降低生产成本、交易成本和提高信息共享率、吸收率,并在此基础上提高供应链运营效率。供应链企业间合作关系的发展经历传统企业关系、物流关系、供应链节点企业合作伙伴关系三个阶段。传统制造企业与供应商之间的关系更倾向于竞争关系向“竞争 - 合作”关系转移,寻求一种新的合作关系达成共赢的战略目标。

1.2.1.3 供应链企业间合作的相关研究

(1)供应链企业间合作动力机制研究。

研究显示,交易成本理论、资源依赖理论、组织成长理论以及组织学习理论对企业间合作动机都有不同的阐释,并提出供应链企业间合作动机主要包括:技术动机、知识学习动机、竞争战略动机。推动企业合作的诸多因素中动力机制是核心,具体可分为拉动力、推动力、支撑力和助动力。党兴华指出技术创新网络中企业参与合作的动机是效率导向、竞争导向、学习导向以及信息导向。周贵川从研发动机、学习动机和战略动机三个方面进行阐述。冯长利提出企业技术创新的合作动力的驱动力模型包括:技术驱动模型、需求拉动模型、技术与市场交互作用模型、社会需求 - 社会资源关系模型、利益期望模型。魏江认为企业合作创新的动机主要包括利益驱动,市场及需求拉动,企业形象、技术创新构成了企业合作的内生动力,市场以及政府推动构成了企业合作创新的外部动力。祖廷勋认为产学研合作的动力主要来源于利益驱动、对合作目标的认同、技术发展等因素,同时提出外部市场和政府是企业合作的外部驱动力。朱涛认为企业选择合作创新的动机主要包括解决技术外部性、降低交易成本和研发风险。陈云等从信息共享模型论述了企业参与合作的初衷是企业愿意提供信息等资源与其他企业共享。

(2)供应链企业间合作伙伴的选择指标。

国内学者对创新合作伙伴的研究主要集中在合作伙伴选择的影响因素与合作伙伴评价两个方面,其中供应链企业间信任、合作公平性、企业声誉、企业间信任、合作契合度、企业间合作意愿、网络嵌入、企业规模、研发能力以及管理水平是影响供应链企业合作的主要因素。国内学者从多角度分析,将创新资源投入、研发、生产、营销和组织运营等能力作为企业间合作伙伴选择的重要指标。雷纶源基于合作伙伴的信誉、资源能力、技术状况、管理水平及企业兼容度的因素构建供应链企业合作创新伙伴选择模型。程巧莲等从合作伙伴特征、合作关系特征及合作潜力方面（评价指标包括技术创新、营运、声誉、合作经验、人际信任、资产专用、合作动机、战略相似性、承诺、沟通、冲突解决机制等）构建了合作创新伙伴信任评价指标体系。刘岩基于技术知识合作创新研究理论，提出企业技术创新合作首先需要考虑的因素是根据自身的技术及发展现状选择合适的合作伙伴。

（3）供应链企业间合作伙伴选择的评价方法。

在影响因素研究的基础上，学者从不同企业特征出发，构建企业合作伙伴评价模型，通过实证分析对其理论的可操作性与有效性进行探究。刘克寅等基于合作伙伴间异质性资源互补匹配的研究，提出企业合作伙伴的选择评价方法。曹霞认为，利用动态直觉模糊加权几何算子和相对熵理论，基于产学研合作伙伴的有限理性和偏好特征，以合作伙伴不同时间段的决策矩阵和偏好矩阵为准则，构建实现“群体偏好 - 多时段 - 群体决策”的综合评价模型。基于集成供应链的研究视角，李柏洲引入时间与前景理论，运用领域理论构建了集成供应链合作伙伴的动态选择模型。根据医药企业合作过程中不同阶段的特点，邵明辉运用 SVM - TOPSIS（支持向量机 - 优劣解距离法），构建了“筛选、评估、优化”的评价模型，为企业合作创新伙伴选择研究提供了新的理论支持。黄梦醒将企业伙伴选择问题转化为不完全和不确定信息下的分类识别问题，并在此基础上，应用多分类器融合规则建立供应链企业合作伙伴选择的决策模型，通过实证分析验证了该方法的可行性、有效性和优越性。张敬文认为合作伙伴选择是企业技术联盟高效运作的基础，运用 PLS - SEM（偏最小二乘结构方程模型）的研究方法，构建了战略性新兴产业技术创新联盟合作伙伴选择模型，研究能够促进战略性新兴产业创新绩效的提高，确保联盟的稳定性和有效性。

（4）供应链企业间合作关系维持。

企业间合作关系的维持是一个动态而复杂的过程。丁利军将供应链企业合作过程管理分为需求分析、信息收集、伙伴选择、信息追踪四个环节。李辉从时间角度将供应链企业合作分为选择合作伙伴、建立合作关系、合作关系维持及合作关系治理四个时间节点。任浩在以上理论研究的基础上提出企业组织间合作关系的管理包括关系识别、关系构建、关系维护和关系优化。洪广鹏在研究中提出，企业间公平分配是影响企业合作的重要因素，同时企业间信任及关系承诺对合作关系的维持尤为重要。李晖照提出企业间的沟通是供应链节点企业合作关系维系的一个重要因素。倪自银认为企业间合作维系的关键因素包括企业文化融合、能力互补、战略目标一致以及合作意愿，同时利益分配是合作关系维系的关键点。郭宏湘在研究虚拟企业信任合作伙伴关系维持中，提出企业合作经历、利益依赖性、企业间沟通协调、机会主义防范机制是合作关系维持的关键。综上所述，影响长期合作伙伴关系的因素主要包括：企业发展的共同目标及利益、相对公平的利益分配机制、企业间相互信任、企业间合作意愿、新产品技术联合开发、专有资产投资、交叉持股、市场需求、资源配置利益等。

1.2.1.4 海洋工程装备制造业研究现状

为引导海洋工程装备制造业健康有序发展，我国海洋工程装备制造业得到迅猛发展的同时，其理论研究也取得很大进展，相关理论研究主要包括以下三方面。

(1)关于我国海洋工程装备制造业发展战略性研究。

为了提高我国海洋工程装备制造业技术水平和产业竞争力，杜利楠、姜昳芃以海洋工程装备制造业为研究对象，总结和研究中国海洋工程装备制造业的发展、企业技术创新的效率、市场模式和存在的问题以及原因，探讨影响企业技术创新的因素。郭静基于我国海洋工程装备制造产业发展现状、国际上的地位、空间布局以及存在的问题，进一步阐述海洋工程装备产业对海洋经济发展的必要性。陶永宏运用SWOT(优劣势分析法)分析我国海洋工程装备制造产业发展现状，并提出扭转型海洋工程装备制造发展战略和对江苏省海洋工程装备产业发展的若干建议。基于造船和修船企业的技术管理研究，胡翔拓展了船舶工程装备制造业供应链企业合作的广度。吴小东等基于灰色关联分析法对海洋工程装备制造产业关联因素进行分析，提出我国海洋工程装备制造产业未来的发展方向及对策建议。为实现我国海洋工程装备产业国际化的定位，李彬提出政府应积极发挥政策引导和宏观调控作用。刘贵浙提出我国海洋工程装备制造业主要由造船企业和石油装备企业组成，在研究我国企业发展现状的基础上提出企业发展策略。

张哲研究分析福建海洋工程装备产业的发展现状，总结归纳出当前制约产业发展的主要因素，提出建设具有特色的海工装备制造业发展的重点领域、编制福建省海洋工程装备中长期发展规划和实施方案。王乐基于我国江苏省海洋工程装备制造业产业链价值增值分配率研究，提出了价值分配率在供应链的各环节呈整体波浪式递减。赵阳华分析我国海洋工程装备制造业的发展现状并提出相关对策建议。刘佳针对我国目前海洋工程装备制造业产业发展现状以及存在的问题，提出只有通过海洋工程装备制造业供应链协同发展，以企业为核心，以政策为引导，才能提升产业整体自主创新能力，进而提升整体竞争优势。王奇基于数据包络分析(DEA Analysis)的三阶段评价模型方法，对18家海洋工程装备制造业上市公司的效率进行评价，精确分析海洋工程装备制造企业如何改善财务管理能力。

(2)我国海洋工程装备制造业发展方向研究。

刘贤权在研究供应链交付风险的策略中,提出敏捷供应链的构建能够给最终用户带来效益,将直接影响海洋工程装备制造业供应链节点企业的利益共享优化。刘全为缓解陆地资源日趋枯竭而将人类生存和发展转向依靠广阔的海洋资源。黄炳星提出促进海洋油气资源的开发和利用的对策建议。王颖在对国内外深海海洋工程装备整体发展趋势研究的基础上,提出深海钻采平台及辅助装备、水下工程装备、深海运载与作业装备、超大型海洋浮式结构物等是未来发展的主要方向。

(3)海洋工程装备制造项目管理、产业评价方面研究。

李钊、刘家国从物料清单、装备产品内部批次关系角度进行研究,构建追溯管理信息化的理论模型,实现海洋工程装备项目中材料的可追溯管理。针对海洋工程项目管理中人力、资金、设备和材料的合理动态调度问题,余建星,李彦苍提出了一种更为有效的海洋工程集团项目管理资源调度算法——基于蚁群的资源调度算法(ACO)。吴小东和赵晶英在构建省际海洋工程装备产业的评价指标体系的基础上,研究海洋工程装备制造业平台类产品生产的相对效率、科技研发的相对效率、相关产业的相对影响力。洪欣洋以 2010—2014 年我国海洋工程装备制造业 10 家上市公司的企业面板数据为样本,基于非参数全要素生产率指数(Malmquist 指数)方法,提出我国海洋工程装备制造业整体技术创新效率增长动力主要来源于技术进步。贾晓霞基于海洋工程装备制造业企业间网络嵌入研究,以中远船务工程集团有限公司为实证分析对象,探讨了我国海洋工程装备企业可通过不断深化嵌入性网络合作完成向高技术研发业务转型的过程。

1.2.2 国外研究现状

1.2.2.1 供应链

供应链最早由 Jay Fortestert 提出,是伴随经济全球化和知识经济一体化发展的全新管理理念。美国供应链管理专业协会提出,供应链包括全部的供应商、用户、采购商、生产商组织生产、交付和服务的过程。Corey Billington 提出,供应链指采购方、制造商、分销商等将原材料加工成产品并将其交付给客户的链式过程。也有学者认为,供应链是从原材料到最终用户的各种经济活动的总和,包括接受订单、订单分配、原材料采购、工艺流程、生产计划、库存管理、运输等。马丁・克里斯托弗认为,由上游(供应商)、下游(制造商)和中间(分销商)构成的组织网络,即供应链,同时在多种多样的经营和交易过程中为最终产品或服务创造价值。Stevens 在研究集成供应链中提出供应链指经历从原材料供应源头开始到消费者结束的价值增值过程。国际物流协会认为供应链的概念在国际标准物流系统协会中被正式提出,从产品角度看供应链指从原材料、中间产品、信息产品、销售渠道、服务到终端客户的全部过程。

国外学者对供应链的界定见表1-2。

表1-2 国外学者对供应链的界定

学者名字	定义
Davis T.	供应链是一个功能性网络,是从采购原材料、产品设计、生产形成中间产品,到将其组装成最终产品并利用销售网络交给最终用户的网链式结构
Haul Lee, Shu Ming Ng	通过协调网络中的具有各自功能的实体模块,从原材料采购以及其他中间产品供应商开始,通过产品和服务的生产与交付,借由中介或分销商将产品交付至最终消费者,进而实现供应网络效率的提高
Ganeahan, Harrison	供应链是指由具有独立能力的功能性单元构建的选择网络,包括:原材料、设备、中间产品、最终产品。其主要职责包括材料的采购,原材料转换为半成品和成品以及将最终产品交付给客户
Beamon	供应链是由一定数量的事业个体共同建立的密切合作关系,用以达到获取原材料、按客户要求转化为最终产品的特定生产、交付和服务的过程
Chopra S.	供应链由原材料供应商、科研机构、制造商、物流企业、零售商、分销商、中介等机构和最终用户组成。其主要目的是通过合作来满足客户和市场的需求,实现利益最大化。主要包括获取直接利润和间接利润两个阶段
R. J. Trent, R. M. Monczka	数字供应链是包括服务的成本效益和创造价值的活动生态系统,其供应链可以定义为三个或更多实体(即组织或个人)直接参与上游产品、服务、下游财务流量,和/或从来源到客户的信息。突出了信息流整合作用
Chopra S, Peter Meindl	供应链指由驱动力作用下的设计、原材料、设备、中间产品、服务、信息、最终用户构建的能够实现分销、电子商务的功能性网络,并提出战略协调性与合作范围是供应链管理的关键
M. T. Melo, Stefan Nickel	提出供应链指在支持战略计划中涉及的战略目标、决策实施,除了包括信息、技术、原材料、中间产品、最终用户,还包括逆向物流。同时提出位置决策在供应链网络战略设计中起着至关重要的作用
A. Paulraj, M. Pynnönen	供应链是指让供应商和客户共同参与的数字化交流系统,彼此之间的信息交流(财务、生产、设计、库存等)能够提高合作效率。一般而言,组织间通过电子链接提高信息系统的协调性
Korpela, K. Mikkonen, J. Hallikas	供应链包括信息共享和处理不限于业务流程级别的信息。数据集成的供应链信息模型,数字化、自动化集成服务是现代数字供应链的关键环节

1.2.2.2 供应链企业间合作关系

国外学者基于大量企业间供应链合作的成功案例进行研究，提出企业与供应商、生产商之间的紧密合作能够提升企业综合效益。随着国际市场竞争与国际经济一体化形势日益加剧，企业对供应链合作伙伴关系的重视程度越来越深。学者深入供应链企业间合作的理论研究，提出高效的供应链企业间合作战略能够扩大企业规模效益，同时能够提升整个供应链的核心竞争力。供应链节点企业调整供应链网络中的组织结构进而形成供应链企业间合作联盟，其重要原因是降低企业运营成本及企业技术研发风险，增强信息共享水平，改善企业间的交流，等等。

供应链企业间合作关系形成与阐释的理论基础包括交易成本理论、资源依赖理论、社会交易理论等。交易成本理论指企业在交易过程中，不可避免地会产生一些谈判成本、契约成本、执行成本与风险成本等。企业间合作本身具有较强的适应性，并在此过程中保持合作交流顺畅、彼此信守承诺，强调合作关系的长期性及维持未来交易期望值的均衡性，有效降低交易成本。资源依赖理论认为，企业间资源存在异质性和流动性，企业战略目标与企业拥有的战略资源之间总存在战略缺口，而长期的紧密合作关系能够有效满足这种相互依赖，弥补自身资源不足的战略缺口，实现公司价值最大化。社会交易理论认为，合作关系的建立是为双方提供互利互惠的产品和服务等，该理论认为企业之间能否相互协作是检验合作关系质量的重要指标。在此基础上，学者主要从定义、演变及影响因素等方面对供应链企业间合作关系进行深入研究。

目前，学术界对供应链企业间合作没有统一定义，如供应商 – 制造商（Supplier – Manufacturer）关系，卖主 – 买主（Supplier – Buyer）关系，供应商关系（Supplier Partnerships），供应链联盟（Supplier Chain Alliance），战略网络（Strategic Network），公司间网络关系（Interfirm Network Relationship），等等。有学者认为供应链企业合作需要组织结构变化、企业文化变革、企业管理模式变革等的对应支持，也有学者提出供应链企业选择合作是基于利益共享、风险共担、彼此信任。表 1 –3 列出国外较有影响的学者或机构对供应链合作伙伴关系的定义。

表1-3 国外学者对供应链企业间合作关系的界定

学者或机构名字	定义
Walker, Brian	供应链企业为更好地应对外部竞争，与不同类型企业或其他有关联的组织之间形成的具有目的性、长期性的结构联结性合作
Bleeke, Ernst	伙伴关系是指具有独立经营能力的企业为提升企业竞争优势、企业综合效益，共同签订的战略合作协议。战略协议签署者拥有共同的战略合作目标以及为战略合作目标而奋斗的能力，企业合作过程中彼此相互依赖，能够共同完成企业单独无法完成的任务
Partnership Sourcing Ltd.	其基于合作伙伴关系理论提出供应链企业间合作关系是不同规模与不同经营范围的企业致力于提升各自的企业核心竞争力与供应链整体竞争力，而采取的一种明确各自职责并构建互利互信的合作模式，合作主体包括供应商、生产商、客户等
Sin - Man Choi	供应链企业合作联盟指企业间在某个共同目标驱动下，联结具有独立能力的企业主体，签订合作协议，主要包括研发、采购、生产、工艺、销售、中介、客户等模块的联结性合作
Hoffmann J., V. Herzog	合作伙伴关系是指具有独立能力的实体，他们拥有共同的战略目标，彼此相互依赖，并有为共同目标而努力的意志和能力
George Baker	供应链企业间战略合作具有长期性、亲密性、信任性、协调性，当外部环境变化或不可预见的突发性事件发生时，企业间合作能够通过协调机制及合作基础应对突变并迅速达成一致性战略对策
Douglas	供应链企业在构建合作联盟的过程中，需要联结原材料供应商、设备制造商、科研机构、大学、中介、分销商、最终消费者等，构建彼此相互信任、研发、风险共担、收益共享的一种合作模式
David Boddy	合作伙伴关系是企业间的一种状态，企业间基于各自的战略目标、战略原则构建“竞争—合作—竞争—合作”的动态模式，这种状态具有一定的稳定性、契约性、动态性、共赢性

以上研究表明，供应链企业间合作关系具有整体性和流动性两大特征：第一，供应链企业间合作关系中的各个节点企业具有整体性，相对一般节点企业而言，供应链企业间合作是将上游原材料供应商、分厂与下游客户的需求以某种形式紧密联结，促进具有各自职能的企业按照一定的合约规定联结在一起构成有机整体。第二，供应链企业间合作关系发展过程具有一定的动态性，供应链节点企业通过合作提升自身综合实力的同时，将更多的供应商和客户及其他节点企业纳入复杂的供应链合作联盟中，因此供应链企业间的合作具有

复杂性、契约性等。

1.2.2.3 供应链企业间合作分类

从历史进程来说，“传统企业关系—企业间物流关系—企业间战略伙伴关系”代表了供应链企业间历经的三个阶段。三个阶段分别体现物流信息、资源技术信息、资金信息等在合作过程中的流动，从产品研发、投放市场到客户。企业间合作关系的模块化、简单化、标准化使企业在多变的市场中应对外部环境不确定性能力提高，企业间资源信息利用效率提高。供应链管理竞争策略最明显的变化就是基于时间的竞争和价值链的提升。Cristina, Andrea 以供应链合作关系与供应链整合为研究着力点，提出供应链企业间合作关系因合作的范围、合作的资源、合作的时间不同，而表现出不同的合作类型，主要包括：暂时物流合作关系、长期物流合作关系、暂时资源合作关系、长期资源合作关系。目前，全球性竞争日益激烈，产品生命周期日益缩短，生产经营分散性明显，以及市场需求驱动性增强，促使企业同供应商、分销商、同质企业、客户之间结成利益共享的战略联盟体。

1.2.2.4 供应链企业间合作的相关研究

供应链企业间合作的研究主要集中在企业间合作伙伴关系的构建与维持方面。供应链企业间合作伙伴的选择不仅是企业“合伙人”选择的问题，也是企业间合作系统运营的重要基础。学者们从企业自身能力的角度权衡合作策略，拓展了合作绩效、合作伙伴评价体系、合作动机等方面的研究。Lowndes 基于生命周期理论将合作伙伴关系分为合作前期、合作关系建立、合作关系实施、合作关系终结四个阶段。Badillo 分别从企业合作的动机、合作伙伴的选择、合作的维持与管理以及合作绩效的评价四个方面深入探讨企业间研发合作。

(1)供应链企业间合作动机。

供应链节点企业从事生产、流通、服务等经济活动的主要目的是盈利。Helene 等提出企业参与合作的动机反映了合作目的、合作类型、合作时间和合作强度。Williamson 等学者从交易成本的观点出发，指出企业通过伙伴关系可以降低市场带来的不确定性，并减少组织层级制导致的相关成本，从而降低生产和交易成本。Sakaki, Liang L. 指出企业参与合作动机指企业依照自身拥有知识和能力的差异开展多边合作创新活动，降低交易成本、分担风险及学习伙伴的知识技术。Nguyen 认为企业合作动机包括学习导向动机和战略导向动机，战略动机指企业为保持竞争优势，降低战略不确定性，进行战略搜寻和市场细分。

Yu - biao H. 提出合作是企业间通过相互作用、相互影响来提升各自发展潜能的过程。驱动力能够促进企业合作创新关系的构建，牵引力包括政府的政策引导、行政保护、金融机构的资金支持。推动力涵盖了企业追求超额利润、企业家精神的体现、企业文化培育与组织激励。Cohen 和 Levintha 等从获取互补技术、市场机会、创新机会等方面探讨了企业研发合作的动机，研究显示企业在获取互补性技术、市场机会、创新机会等方面的愿望越强烈则合作的动机越强烈。美国学者 Mark S. Schwartz 研究提出经济利益是企业合作的主要动力之一。Gang Dong 在航运服务资源企业合作竞争机制的研究中提出，在企业间合作竞争的过程中尽可能降低交易成本、实现最大利润是船运企业选择合作的主要动力。Joseph A. Schumpeter 首先提出企业间合作创新的驱动力来自于过度的利润追求和企业家精神。Lawson 认为企业合作动力指培养企业的创新和管理能力，包括企业的愿景与战略、资源基础、技术能力。Weigelt 认为企业组织结构会影响内部知识流动、技术能力与交易成本，进而加强协同创新。

(2)供应链企业间合作伙伴的选择指标。

Mohr 等认为企业选择合作伙伴的重要因素包括企业间关系状况、企业间彼此沟通的默契度、企业内部职能之间的协调度等。Bierly 提出，企业间信任能够消除合作中产生的分歧，从而提高协同能力。Carboni 等提出企业的物理距离与心理距离是企业间评判和选择合作伙伴的潜在评价因素。有学者指出企业的吸收能力是技术知识基础的函数，而吸收能力的强弱则直接影响企业建立合作关系的意愿，企业技术知识基础结构对合作关系建立存在重要的影响。Owens 提出合作双方的组织文化、经验、规模、结构、财务资产、管理经验以及进入市场的能力等因素在选择合作创新伙伴时发挥了同等重要的作用。Pommerening 研究影响瑞典中小型企业合作的因素和驱动力，指出中小型企业的经理、研发经理和首席执行官(CEO)在选择合作伙伴时更多考虑的是实际因素，企业自身具备创新所需的资源时，企业倾向于独立创新模式；当企业缺少资源时，更加倾向于选择其现有的合作者，当现有合作者无法满足其所需资源时才寻找新合作伙伴。

(3)供应链企业间合作伙伴选择的评价方法。

供应链企业间合作伙伴的评价主要基于运筹学、人工智能、层次分析法、目标规划法、案例推理、神经网络、统计学等理论。Sheu 等在供应链企业合作动机研究的基础上，构建模糊环境下的加权和评估合作伙伴的选择机制，通过实证分析验证其研究的有效性、实用性。Vijay 等构建了基于多准则、多目标的采购供应商选择的优化模型，并通过了实证分析模型的可操作性检验。Desheng 等探讨了不确定性外部环境下的三种供应链合作伙伴关系评价模型，为企业评价和选择供应商提供了一定的参考依据。

(4)供应链企业间合作关系维持。

企业合作伙伴关系的建立与维持是供应链节点企业提升核心竞争力、应对外部环境变化的关键策略。供应链企业与其他企业建立合作关系受哪些因素的影响,企业间合作关系如何构建和维护成为学者的研究课题。关系营销理论(Relationship Marketing Theory)提出企业间合作关系维持的前提是企业间高质量合作。Bentor 提出供应链企业合作管理应更加注意企业与顾客关系的维系。Vokurkan 对供应链企业间合作伙伴关系的研究提出,企业主要聚焦在合作收益、长期战略化优势的改善、合作关系的紧密度、合作绩效等四个方面的提升。Steijn 将企业合作成功的关键因素总结为七个方面:企业间相互依赖、适当的企业管理机制、彼此承诺、相互信任、沟通协调、企业文化和一体化的冲突解决方案。Kale 等认为信任资本是防止机会主义的关键,信任模式比合约更有效果。Brinker 从组织认同性和相互性两个维度出发探讨伙伴关系,从前提条件、伙伴关系实践、伙伴关系结果、伙伴关系绩效以及效率等五个方面着手,构建伙伴关系评价框架,并设置五个要素的测量指标及其测量方式。Prahinski 提出汽车供应链企业间沟通策略、反馈策略与协同策略能够有效改善企业间的伙伴关系。Cramm 基于"伙伴关系运行 - 伙伴关系协同 - 伙伴关系绩效"逻辑框架,以荷兰鹿特丹社区健康护理计划实施情况为研究背景,研究结果证明伙伴关系协同是伙伴关系运行和伙伴关系绩效的传导介质。

有学者基于不同的研究对象构建因素分析量表,提出理论演绎得出变量的因果关系并进行假说检验,致力于回答不同的行业研究对象与环境因素对企业合作的影响。Seung, Luo 根据系统论的观点,提出政策、战略和企业是影响企业间合作的三个方面,其中,政策因素指影响企业发展的所有制形式和隶属行政区;战略因素是指企业发展规划是否满足未来市场竞争要求;企业因素指企业内部发展因素包括企业规模、企业运营、企业技术能力等。Willson 认为促使供应链网络联盟成功的因素包括:信任、社会性契约、合作以及承诺等,而这些变量在某个阶段影响程度及效应不同。以上因素是对供应链企业间合作关系积极作用的影响因素,而供应链企业间合作的过程中,如企业间机会主义、合作风险、利益分配等都在不同程度上导致供应链企业间合作关系破裂。鲍尔索克斯提出供应链企业间合作战略成功实施的关键是明智地选择合作伙伴,合作伙伴的选择应具有企业文化一致性、企业战略一致性。Lee 等认为影响供应链企业间合作的主要因素包括,外部环境的不确定性、机会主义行为和合作方的默契度。Ring 和 Van 第一次提出在企业合作各方面,合作风险是企业合作的必然产物,Williamson 认为合作伙伴的机会主义是合作风险的主要源泉。Mohr 与 Spekman 认为企业间合作的成功能够提高成员企业的合作满意度,并能够促使企业有更多更好的合作表现,但当合作满意度下降并低于目标收益后,成员企业有可能选择退出联盟合作或采取机会主义行为。

1.2.3 国内外研究评述

随着供应链企业间合作关系理论研究的不断推进，海洋工程装备制造业供应链、供应链管理、企业合作等理论研究受到国内外学者的广泛关注，并取得了积极有效的重要成果。海洋工程装备制造业与我国其他装备制造业在组织模式、合作方式、产品特点等方面存在明显差别。总装企业在获得海洋工程装备项目之后，将产品分配给供应商、模块厂、分包商等，并最终将产品交付客户。这个过程中，其技术复杂、组装产品多样，对产品技术附加值、产品质量等方面都有极高的要求，同时企业合作关系具有互补性、长期性以及短期内不可替代性，因此海洋工程装备制造业企业合作关系的构建与维持显得尤为重要。

海洋工程装备制造业供应链企业间合作不再是企业个体间的简单合作。企业需要建立完整的合作流程，同时要求供应链节点企业通力合作、风险共担、利益共享，组成具有战略意义的合作联盟。目前我国海洋工程装备制造业供应链管理与合作的观念仍需进行系统性研究。

(1)海洋工程装备制造业供应链企业间合作关系。

海洋工程装备制造业供应链企业间持续合作、共享有效信息和高效持续的合作关系，需要供应链节点企业在选择恰当的合作伙伴的前提下，更多地关注资源和承诺、技术应用、组织内部支持、企业间信任、利益互惠、风险共担等。供应链企业间合作伙伴的选择是合作关系研究的起点，海洋工程装备制造业供应链企业间合作关系由于其产业、产品的特殊性，具有长期性、不易更换性与稳定性，因此对合作伙伴的选择尤其重要。在明确企业彼此合作动因的基础上，需要考虑多方面因素，构建严格的评价指标体系，如，企业声誉、企业信任度、企业自身状况、技术能力、企业运营能力、企业间物理距离等。因此，以海洋工程装备制造业总装企业为核心企业，如何选择恰当的合作伙伴并与其构建长期、稳定、高效的合作关系对我国海洋工程装备制造业产业发展、项目交付至关重要。

由于企业间合作是企业间合作交互行为与企业个体间的相互作用过程，海洋工程装备制造业供应链企业间在维持长期、稳定的合作过程中，缺乏对供应链节点合作的充分认识，存在个别对合作不重视和为获取更多个体利益而出卖合作伙伴的机会主义行为的现象。机会主义行为的产生可能导致合作企业利益受损，甚至合作失败。由于海洋工程装备制造业的技术、产品、工艺流程、资源等信息具有相对保密性，供应链节点企业在合作的过程中，合作行为包括机会主义行为、企业间信任、沟通协调、利益分配、风险共担等，都对合作的维持与发展有着重要的影响。

(2)海洋工程装备制造业供应链企业间信息沟通需求。

供应链企业间由于人力、材料、设备在一个项目中必须保持高度的协调性,因此需要合作伙伴间更高层次的协调,这种沟通协调涉及高频次的技术、产品、工艺、资源等的信息交流互动。在海洋工程装备制造业供应链企业生产过程中,项目生产所需的预制构件、原材料的种类非常多,要求海洋工程装备制造业供应链节点企业为满足产品交付周期,必须储备一定量的库存,同时必须融入整个项目对应的交付计划中,为了尽量减少库存成本,海洋工程装备制造业供应链节点企业将信息沟通与共享,能够有效实现技术、项目、资源等相关信息的有效互动,进而合理地安排计划和组织生产,节省人力成本、库存成本、时间成本、原材料成本等。根据信息技术的发展,企业通过构建有效的信息沟通、信息共享平台,建立完善的信息保障、激励和约束机制。供应链企业合作伙伴间信息共享与供应链企业间信任对供应链企业间有效合作至关重要。

(3)海洋工程装备制造业供应链企业间合作动态性发展需求。

目前国家大力推进海洋工程装备制造业发展以及改善企业发展面对的困境,构建海洋工程装备制造业供应链企业间合作模式、运行机制具有重要现实意义。海洋工程装备制造业供应链企业合作的主体是由供应链节点企业构成的,包括制造企业、总装企业、高校和科研机构等,具有特定的主体属性。其合作从本质上看是以核心企业为主体的“依赖—信任—互动—互助—互惠”的动态过程,这一合作过程体现了供应链企业间信任机制对维护合作企业动态性发展的重要意义。

海洋工程装备制造业供应链企业间合作过程具有一定的动态性,这种动态性在受企业个体因素影响的同时,也受外部环境的影响。外部环境具有一定的不确定性、突发性、复杂性。现有供应链企业合作关系的研究中,学者提出外部环境是影响供应链企业间合作的重要因素,外部环境不确定性、突发性事件的发生,是企业合作过程中不可避免的不可控因素,对合作的后续发展具有一定的决定性作用,这要求海洋工程装备制造业供应链节点企业在合作中具有及时了解和把握不确定性、突发性事件并对此做出应急处理的能力。因此,对海洋工程装备制造业供应链企业间合作关系的研究不应仅局限于合作伙伴选择、合作绩效等方面,而且应探讨企业间合作过程中,如何进一步有效应对其动态性变化,以更有效地应对外部环境的不确定变化。

1.3 研究内容及研究方法

1.3.1 研究思路及框架

本书基于供应链管理、供应链企业间合作关系理论,以海洋工程装备制造业供应链节点企业为研究对象，在供应链企业间合作动力研究的基础上，通过扎根理论识别影响我国海洋工程装备制造业供应链企业间合作关系的影响因素，构建了供应链企业间合作伙伴的选择模型，并在因素识别的基础上，进一步探讨供应链企业间的合作绩效，以及海洋工程装备制造业供应链企业间合作保障机制。其技术路线如图 1－1 所示。

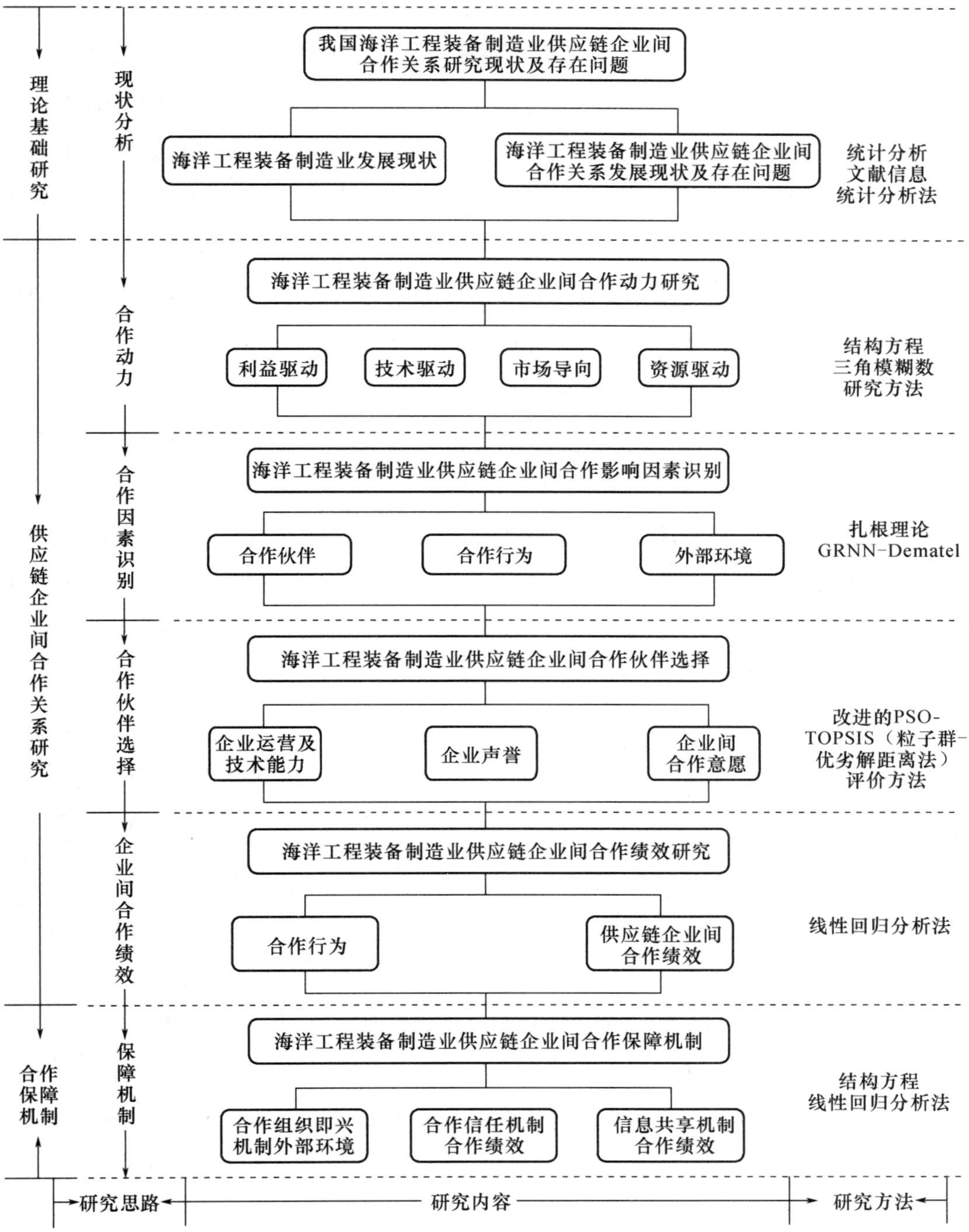

图 1－1　技术路线

1.3.2 研究内容

为丰富海洋工程装备制造业供应链管理理论,研究主要包括以下四个方面。

(1)海洋工程装备制造业供应链企业间合作动因及合作影响因素分析。

构建基于“利益驱动、技术驱动、市场导向、资源驱动”四个驱动力的海洋工程装备制造业供应链企业间合作动力模型,研究表明,利益驱动包括成本降低与企业规模效益,是驱使海洋工程装备制造业供应链节点企业间进行合作的驱动力,资源企业发展的基础动力,此外,采纳基于三角模糊数的决策与试验评价实验室方法(DEMATEL 方法)对合作动因的实证分析,揭示与确认海洋工程装备制造业供应链企业间合作动力机制,确定哪些合作动因是原因变量,以及哪些合作动因是结果变量。运用扎根理论进行资料收集与分析,识别研究我国海洋工程装备制造业供应链企业间合作关系的影响因素,利用 GRNN - DEMATEL(广义神经回归网络 - 实验法)进行实证分析。

(2)海洋工程装备制造业供应链企业间合作伙伴的选择。

企业间合作的伙伴评价与选择是供应链企业间合作关系构建的首要环节,也是决定企业合作成败的关键因素。本书将微粒算法和改进的 TOPSIS 方法相结合,通过以最优和最劣对象距离之间最小为标准,运用数学模型与微粒算法求解主要因素包括企业运营及技术能力、企业声誉、企业合作意愿的指标权重,同时将正理想点与负理想点视为相互确定的对立集合以克服传统 TOPSIS 方法的不足,构建海洋工程装备制造业供应链企业间合作伙伴选择模型。

(3)海洋工程装备制造业供应链企业间合作绩效研究。

以供应链企业间合作绩效作为衡量供应链企业合作关系的重要指标,研究供应链企业间机会主义行为、供应链企业间信任与企业间沟通协调对供应链企业间合作绩效的影响作用机制,检验机会主义行为与供应链企业间合作绩效的关系,研究显示,供应链企业间信任机制、风险共担机制,能够促进企业间合作中的知识、技术等资源的共享互动,有效遏制供应链企业间机会主义行为发生的概率,促进供应链企业合作的健康有序进行。

(4)海洋工程装备制造业供应链企业间合作保障机制研究。

基于以上研究,外部环境作为供应链企业间合作关系中的原因型影响因素具有不可控性、不确定性,是企业间合作研究的重要切入点,同时供应链企业间信任、企业间信息共享是海洋工程装备制造业供应链企业间合作的重要条件。因此本书构建基于组织即兴视角、信任视角、信息共享视角的合作保障机制研究。

1.3.3 主要研究方法

(1)文献研究。

首先,系统检索“海洋工程装备制造业”“供应链企业间合作”“供应链企业间合作动力”“供应链企业间合作机理”“供应链企业间合作影响因素”等关键词,通过整理、分类、比较与分析相关文献,集合海洋工程装备制造业、供应链管理、交易成本、组织行为、关系治理等理论,为我国海洋工程装备制造业供应链企业间合作的进一步研究与构建奠定理论基础。

(2)问卷调查。

本书通过文献回顾与研究,借鉴国内外相关期刊文献中的成熟量表来设计问卷。通过海洋工程装备制造业企业管理人员、车间生产人员等访谈,小组讨论,电话采访,发放调查问卷等方式搜集企业发展和研究所需的相关资料,进一步通过因子分析对调查问卷的信度、效度进行检验。

(3)实证分析。

本书选择我国海洋工程装备制造企业(包括:集团企业、总装公司、上下游生产企业、原材料供应商等)为实证分析对象。通过企业管理人员、车间生产人员等访谈,小组讨论,电话采访,发放调查问卷等方式搜集企业发展和研究所需的相关资料,在对实证数据信度、效度进行分析的基础上,探讨我国海洋工程装备制造业供应链企业间合作动力,构建合作伙伴选择模型、合作绩效研究模型以及提出海洋工程装备制造业供应链企业间合作保障机制。

本书遵循理论与实际相结合、定性与定量相结合、因地制宜的原则,注重理论上的系统性和前瞻性,更注意实践上的针对性和可操作性。本书循着“提出问题—分析问题—解决问题”的研究路线,以阐明选题的意义与目的及主要观点来提出问题,以理论分析与实证分析相结合的方式来分析问题,以提出相应措施与研究展望来解决问题。

1.4 创新点

目前对海洋工程装备制造业的研究没有对供应链企业间合作进行系统分析与讨论,本书基于海洋工程装备制造业、供应链管理两大主线,深入探讨影响我国海洋工程装备制造业供应链企业间合作关系的因素,为研究提供新思路。本书的创新点主要体现在以下几个方面:

第一,首次提出海洋工程装备制造业供应链企业间合作关系研究新视角。从海洋工程装备制造业供应链企业间合作的角度出发，提出海洋工程装备制造业供应链管理研究的新视角；对供应链企业合作动因、合作伙伴的选择、合作绩效及合作保障机制做系统研究，多层级剖析了海洋工程装备制造业供应链企业间合作的动力以及合作关系影响因素，探索其合作关系构建与维持，得到新的研究成果，解决了海洋工程装备制造业供应链企业合作定性理论分析难以深入的问题。

第二，提出海洋工程装备制造业供应链企业间合作关系研究的新方法。运用扎根理论以及 GRNN－DEMATEL 研究方法对海洋工程装备制造业供应链企业合作影响因素进行识别和聚类分析，为供应链企业间合作伙伴选择、合作绩效以及保障机制研究提供依据。基于改进的 PSO－TOPSIS 法，构建和评价了海洋工程装备制造业供应链企业间合作伙伴选择指标体系，确保合作之初合作对象的正确性。构建了海洋工程装备制造业供应链企业间合作绩效机理研究模型，探讨供应链企业间机会主义行为、企业间信任机制以及沟通协调与合作绩效的关系。通过多层回归法进行实证分析，揭示了企业合作行为对合作绩效的影响。

第三，提出海洋工程装备制造业供应链企业间合作的保障机制。提出了基于“组织即兴视角、信任视角、信息共享视角”的我国海洋工程装备制造业供应链企业间合作的三条保障机制，构建了信任与组织即兴的研究模型，帮助企业提升其应对外部环境不确定性变化的即兴能力，突破了海洋工程装备制造业供应链企业间合作的瓶颈，推进了海洋工程装备制造业供应链企业间合作的发展。

第2章 理论基础及研究框架设计

2.1 海洋工程装备制造业供应链企业间合作的概念界定

海洋工程装备制造业供应链企业间合作的主要概念包括海洋工程装备制造业的内涵、海洋工程装备制造业供应链的内涵以及海洋工程装备制造业供应链企业间合作的内涵。

2.1.1 海洋工程装备制造业的内涵

海洋工程装备制造业是高技术和高附加值的综合性新兴产业,有高配套性、高可靠性与安全性、高技术、高风险、高投入、高利润等特点。

2.1.1.1 海洋工程装备制造业的概念

国际上海洋工程装备一般分为海洋油气资源开发设备、海洋浮体结构开发设备和其他海洋资源开发设备。海洋油气资源开发装备是海洋工程装备制造业的主体,主要有各类钻井平台、生产平台、浮式生产储油船、卸油船、起重船、铺管船、海底挖沟埋管船、潜水作业船等,目前海洋油气资源开发装备市场需求量占海洋工程装备制造业需求总量的80%以上。我国海洋工程装备在广义上是指人类用以开发、利用、保护、维护海洋资源的设备。在狭义上,根据国家《船舶工业中长期发展规划(2006—2015年)》,海洋工程装备被定义为人类在开发、利用和保护海洋所进行的生产和服务活动中使用的各类装备。

综上所述,本书将海洋工程装备制造业界定为以海洋油气资源等勘探开发与储运为目的,生产制造各类海洋生产平台、浮式生产储油船、卸油船、起重船、铺管船、钻井平台、潜水作业船等大型装备的新兴产业。

2.1.1.2 海洋工程装备制造业的特性

海洋工程装备制造业是高技术和高附加值的综合性新兴产业,具有技术密集性、资金密集性、劳动密集性、区域密集性的特点,其主要特征包括以下几点。

(1)高配套性。

海洋工程装备制造业整套设备包括:资源勘探、开采、加工、储运、管理、后勤服务等一系列成套装备。同时其作业区域正逐步由浅海向深海推进,作业海域不同、海域深度不同导致海洋工程装备配套设备不同,而且,在进行成套系统的匹配试验中,由于配套装备需要的生产作业海域不同,海工产品需匹配相同或相近的作业环境,因此付出巨大的实验成本。海洋工程装备企业必须按用户提供的现场工作环境及特点,与相关企业配套生产经过匹配实验的成套设备。

(2)产品系列多,批量小,生产周期长。

海洋工程装备制造业具有产品系列多、批量小、生产周期长的特点。主要原因是,第一,产业技术更新具有一定的颠覆性,同时会引发新的产品系列以及新的配套设备。第二,因自然环境的差异,产品需求具有多样化和个体化的特征,除设备配件和辅助工具外,大多数设备都是小批量甚至是单件生产,不具备规模化生产条件。第三,基于以上特点,海洋工程装备制造业生产一套海洋工程设备平均需要 2 ~3 年的时间,产品使用时期为 10 ~20 年,具有生产周期长的特点。

(3)高可靠性与安全性。

海洋工程装备制造业产品的高配套性与系统性,使海洋工程装备制造业产品系列相当复杂,同时,特殊的海上工作环境和作业特点要求海工设备的停机率极低,并且产品在设计、建造和使用中均将安全性放在首位。目前,海洋工程装备制造业产品在使用前要经过船检部门和相关技术机构的严格检验,只有取得入级证书和技术检验合格证书后才能投入使用,安全性与可靠性鉴定和验收试验时间长、费用高,实施技术难度大,因此设备运行的可靠性与安全性在生产中要严格遵守国际及国家相关技术标准。

(4)高技术、高风险、高投入、高利润。

海洋工程装备制造业是国家海洋科技水平、海洋综合实力的直接反映,也直接体现其设计、研发、制造以及配套能力。海洋工程装备设备一般造价都在几亿美元以上,如一座 3 000 米深水半潜式钻井平台的价格是 5 亿 ~6 亿美元,因此海洋工程装备制造业企业在合同签订生产过程中,必须要通过供应链企业间相互协同合作与具有强大的资金调配能力的企业融资。同时,高技术、高风险是海洋工程装备制造业供应链企业发展的瓶颈,设备工程技术难度大,系统集成度高,产品制造、安装、调试工序复杂,施工工作环境恶劣,常常发生设备延期交付的现象。高利润是指海洋工程装备制造业相比传统的船舶产业具有高利润的特点,相关统计数据表明,传统船舶行业的利润率不过 18% ~19% ,而海洋工程装备制造业的利润率可以高达 30% 以上,高利润率驱动下的海洋工程装备制造业有更大的发展空间。

(5)市场潜力大、周期波动小。

与传统的船舶制造业相比,海洋工程装备制造业是制造海洋资源利用与开发的特殊船舶。海洋工程装备制造业的需求量随着海洋资源(石油、矿藏等资源)的开采不断发展,与传统的船舶制造业呈相反的逆增长趋势。目前传统的船舶制造业已经逐渐进入市场饱和期,而海洋工程装备制造业正处于产业发展 S 型曲线的第一个调整期。处于调整期的海洋工程装备制造业具有经济周期回调不明显、经济增长和回落不明显两个特点。因此,海洋工程装备制造业极具发展潜力的同时,其稳定的市场预期是海工企业发展最好的保障。

2.1.2　海洋工程装备制造业供应链的内涵

2.1.2.1　海洋工程装备制造业供应链的定义

海洋工程装备制造业是由很多配套设备构成的复杂系统,因此简单的纵向一体化模式,无法满足海洋工程装备制造业的发展。海洋工程装备供应链是囊括了供应链上所有节点企业,从原材料采购开始,经过主机、辅机生产等配套企业、分段/模块厂、中介、研究院等完成某些非最终产品的相关合作,最后由海工制造业总装企业将产品交付给最终用户的网状链。海洋工程装备制造业供应链基本业务流程涉及采购、研发、制造、分销、总装以及交付环节,同时信息流、物流与资金流贯穿于海洋工程装备制造业供应链企业合作的全部活动。因此,要求海洋工程装备制造业核心企业对业务流程进行重新组合、分配,对相关资源进行整合,构建从海工设计院、原材料供应商、设备加工(包括基础部件、关键部件、直接部件、专业配套)、总装服务到最终用户的供应链合作模式。海洋工程装备制造设备由于作业环境不同与技术要求不同,产品单一,不具备规模生产性,因此海洋工程装备制造业技术发展是以客户市场导向为唯一驱动力。

2.1.2.2　海洋工程装备制造业供应链的特征

第一,以客户需求为导向的海洋工程装备制造业供应链合作模式。从 2015 年开始,船舶及海工装备市场需求下滑明显,整个行业内的企业基本上是在围绕着船东即客户的需求在开展个性化定制生产,因此,海洋工程装备制造业总装企业和供应链节点企业的所有产品设计及生产都围绕满足客户的个性需求(包括技术需求以及作业环境)而展开。

第二,海洋工程装备制造业供应链是网状结构而不是普通直线型的单链结构,是由许多供应链节点企业组成的。在市场及客户需求驱动下,海洋工程装备制造业供应链总装企业与科研机构、原材料供应商、设备加工企业、中介、客户等相互联系且由众多因素作用而形成供应链网链式合作模式。

第三,海洋工程装备制造业供应链节点企业具有相对独立性。海洋工程装备制造业技术特殊、技术附加值高、技术研发难度系数大,导致单独海工企业无法掌握海工装备的核心技术,因此,海洋工程装备制造业供应链企业合作是一对多的合作模式,合作结构相对松散灵活,不会因为某一个企业不合作或出现机会主义行为而导致海洋工程装备制造业出现重大损失。

第四,以总装企业为核心的海洋工程装备制造业供应链合作模式。由于客户需求的独特性,海工制造企业要发挥总装企业的领导作用,把海工装备按功能、类型阶段逐级分解形成分段装备生产线。海工制造企业只有发挥领导作用促成海洋工程装备制造业供应链节点企业合作,才能提升海洋工程装备制造业技术创新能力、改善企业规模、降低生产及交易成本,提高企业综合收益。

第五,海洋工程装备制造业供应链企业间合作管理流程复杂。海洋工程装备制造业产品制造周期长、技术要求高、合作企业数量多,同时需要把设备采购、计划、设计、安全等流程有序整合。海工总装企业需要充分发挥供应链核心企业的领导作用,筛选合作企业,统筹协调合作行为,有效规避合作风险,保证海洋工程装备产品设计制造有序推进,以最优的产品质量、产品服务交付给用户。

2.1.3 海洋工程装备制造业供应链企业间合作的内涵

海洋工程装备制造业供应链企业间合作是海洋工程装备制造业供应链核心企业提升企业核心竞争力、技术能力、供应链整体竞争力的重要战略。

2.1.3.1 海洋工程装备制造业供应链企业间合作的界定

海洋工程装备制造业核心企业除了具备一般总装企业的作用外,同时决定着海洋工程装备制造业的构建、管理以及运营。第一,其是海洋工程装备制造业供应链合作关系的整体构建者、领导者,在我国海洋工程装备制造业供应链合作战略制定过程中扮演主导者角色。海洋工程装备制造业供应链核心企业基于我国海洋工程装备制造业发展战略目标,合理有效配置相关资源,选择合适的海洋工程装备制造业供应链企业作为合作伙伴。第二,其是供应链合作的协调者,为保证海洋工程装备制造业供应链战略合作目标的顺利实现,要在信息技术合作、资源材料供应、工艺流程改进、产品交付周期、企业间信息等资源共享的过程中,充分调动合作企业的积极性、动能性,形成良好的供应链合作氛围,在发生突发事件以及不可控外部环境发生变化时,海洋工程装备制造业供应链核心企业要充分协调企业、利益合理分配、信息沟通共享、协调决策处理解决各种问题。第三,其是外部环境的直接面对者,海洋工程装备制造业供应链企业间合作过程中产生的压力、阻碍以及动力等问题,首先会传导到核心企业由其承担和处理,即核心企业对外部环境变化的适应能力以及企业间组织即兴能力直接影响整个海洋工程装备制造业供应链的外部环境应对能力。

海洋工程装备制造业供应链核心企业为提升我国海洋工程装备制造业整体竞争力,以海洋工程装备制造业供应链总装企业为核心,与供应链节点企业以“提升企业核心技术能力、企业规模、市场占有率和供应链整体绩效”为战略目标,合理选择海洋工程装备制造业供应链企业合作伙伴,在相互独立、彼此信任、沟通协调、信息共享等的基础上,充分发挥海洋工程装备制造业供应链核心企业决策者的重要作用,充分调动合作伙伴的能动性,实现供应链企业间合作共赢。

2.1.3.2 海洋工程装备制造业供应链企业间合作的特征

海洋工程装备制造业供应链节点企业基于企业间资源共享、互利互助、风险共担等合作行为而形成一系列认同,在海洋工程装备制造业核心企业的主导作用下形成投资与运营的有利结合,由多个方面多个联系构成网络关系。因此,海洋工程装备制造业供应链企业间合作关系具有延展性、集成性、动态性以及整体性。

(1)延展性。

海洋工程装备制造业供应链是以最终客户需求为导向的供应链,目前,船舶及海洋工程装备市场按客户需求开展生产经营,依据客户需求的个性化定制产品。海洋工程装备制造业供应链企业间合作促使节点企业通过有效资源整合、技术知识等吸收与转移,延伸出具有竞争力的新产品、新服务和持久竞争力。企业间合作发挥的延展性的柔性作用,帮助企业更好地满足不断变化的市场需求、客户需求及应对不确定性外部环境的变化,进而提升企业整体竞争力。

(2)集成性。

海洋工程装备制造业供应链企业间合作关系中,海洋工程装备制造业核心企业发挥核心领导作用,按合作目标的功能、类型和阶段的相似性将任务逐级分解分段给合作节点企业。因此,我国海洋工程装备制造业供应链企业间合作关系的发展已经从以产品/物流转向以集成合作为核心,即集成性特征。集成是对各元素的有序组成,不是将各元素进行简单的叠加,供应链企业间合作的效果主要取决于供应链系统各元素(包括企业间的资源、技术、业务、员工、组织、文化)的集成化水平。对生产经营过程中的物流、信息流、资金流、管理流、决策流进行有效的控制和协调,将企业的内部与外部资源优化整合,达到动态最优目标。同时供应链企业间合作关系的建立与维持需要由核心企业组织完成,海洋工程装备制造核心企业只有发挥领导作用,使传统的制造模式变为总装型制造模式,才能达到提升海洋工程装备制造业整体竞争力的战略目标。

(3)动态性。

海洋工程装备制造业供应链合作以核心企业为核心,且与上下游众多节点企业联结合作形成网状结构。目前我国海洋工程装备制造业节点企业间结构较为分散。随着市场环境的不断变化,海洋工程装备制造业企业间形成的合作关系因外部环境的变化而呈现动态性。

(4)整体性。

海洋工程装备制造业供应链企业间合作关系的构建是供应链整体优化的结果,要求合作企业协同合作,利用供应链中共享的信息和资源,群策群力发挥整体最大优势。在海洋工程装备制造业供应链合作过程中,核心企业从整体出发,为提高整个供应链技术能力和核心价值,根据企业内部情况和外部环境变化来调整各合作企业的职能和分工,同时与配套供应商进行沟通协调,减少沟通成本、交易成本,提高供应链企业间合作效率。

2.2 供应链企业间合作的相关研究

供应链企业间合作的相关研究包括供应链企业间合作的理论基础、合作动力、合作行为等研究。

2.2.1 供应链企业间合作的理论基础

供应链企业间合作成为很多学者跨学科研究的课题,其合作具有复杂性、动态性特征,以海洋工程装备制造企业作为研究对象,突出强调合作动力学、合作结构、合作维持以及因素之间的相互作用,不仅可以深入探索供应链企业间合作动力,而且能够有效解释供应链企业间合作机理,为海洋工程装备制造业供应链企业间合作研究提供一个新的视角和方法。

2.2.1.1 资源依赖理论概述

资源依赖理论是研究组织间关系的重要理论,强调组织与周围环境的相互依存和相互作用的关系,组织能够主动管理或改变与环境的关系。杰弗里·菲佛与杰勒尔德·R.萨兰基克所著的《组织的外部控制——对组织资源依赖的分析》一书详细阐述了资源依赖理论，指出其核心假设是组织需要通过获取环境中的资源来维持生存，使组织与外部环境产生了依赖关系，这种依赖关系源自企业间互赖关系和环境资源的限制。作者在书中提出了四个假设：组织的任务和目标是生存；组织的生存需要外部环境的资源；与环境中其他组织交流是获取资源的必要途径；掌握与其他组织互动关系是组织生存的能力。具体分析可知：第一，组织所获取的资源包括基础资源（包括资金和人力资源）、信息以及社会和政治方面的支持（合法性支持）；第二，组织间的依赖关系是双向动态的，任何情况的变化都会产生瞬时结果，但依赖的结果并不是永久对称的，某种程度上被依赖方会对依赖方产生权力和制度控制；第三，组织间的依赖关系可通过多种途径进行调节。同时，资源依赖的程度取决于：资源对组织发展的重要性，组织控制资源的能力，可替代资源的获取程度。随着对资源依赖理论研究的对象的具体化、类型化，进一步分析供应链企业之间的资源依赖关系，在环境变化约束下，组织积极主动寻求维持生存的有价值外部资源，这也是资源依赖理论的最大贡献。

海洋工程装备制造业供应链企业间合作的目标是准确把握市场机会，集聚更多外部力量（资源），整合企业内外部资源，提高合作企业的核心竞争力，促进海洋工程装备制造产业持续发展。资源依赖理论强调企业的生存和发展需要的资源是多种多样的，而且无法实现完全的自给自足，需要向外部索取，与周围环境相互依存、相互作用才能存续下去。由资源依赖理论可知，在复杂多变的市场环境下，海洋工程装备制造业供应链企业自身无法产生全部能帮助维持发展的资源和功能，需要与外部进行交易和联结来保证必要的资源需求和服务供给，而海洋工程装备制造业供应链企业间合作能够有效解决这个问题。

海洋工程装备制造业供应链企业间合作的价值在于将企业与所处环境建立交流互动关系，实现资源整合，促进企业持续发展的同时保持自身独立发展自主性。供应链企业能够主动寻找发展资源，供应链中核心企业发挥关键带头作用，以市场需求为导向，对发展资源进行合理利用，最终获得更多效益。海洋工程装备制造业供应链企业间合作有利于获得有价值、稀缺的资源，以企业持续发展为目标，整合和利用多元化资源，降低市场环境中的竞争风险。供应链企业间合作以信任为基础，避免了有害的冲突，在充分的信息共享和信息对称的前提下，做出有利于各方的最优对策，减少不必要的成本和风险。本书采用资源依赖理论，对海洋工程装备制造业供应链企业间合作动因进行研究。

2.2.1.2 多属性决策理论

（1）多属性决策理论概述。

多准则决策问题是指一些由若干影响因素和若干选择组成的多维度预选案，由于该方案具有各因素交织复杂性、矛盾性、相互关联性以及共和性，导致方案难以抉择。因此，多属性决策理论应运而生。多属性决策时利用一定的方法在一定数量、不同属性的备选计划中进行排序择优，同时备选方案间可能相互冲突。多属性是利用判断和度量事物的原则、方法对多个特征或特征参数进行评估，多属性决策方法目前在很多领域得到广泛应用，如项目投资、项目评估、合作伙伴选择评价、企业综合评价等领域。多准则决策问题可分为多目标决策和多属性决策，前者是指决策变量连续、备选方案无限的决策问题，后者是指决策变量离散、方案有限的决策问题。因此，常利用多属性决策解决具有多个属性（指标）的有限决策方案的排序问题，这个过程就是对每一个因素进行比较分析，评价做出的一组与方案直接相关的属性并进行排序，最后根据排序结果进行选择。

在多属性决策问题中，属性类型有定性和定量两种，故各属性下的取值可能全部为定量值、全部为定性描述或者既有定量值又有定性描述。因此，又可将多属性决策问题对应地分为定量型、定性型和混合型多属性决策问题。一般的，对于包含定性取值的问题，可直接采用模糊数学、灰色系统理论等方法直接对决策方案进行排序，也可利用层次分析法、模糊数学先进行量化分析再进行计算判断。随着多属性决策理论的不断发展，传统的单一的方法并不能满足研究需要，因此，出现了组合方法，即根据研究问题属性，在层次分析法、熵权法、TOPSIS 法、数据包络分析法（DEA Analysis）、灰色系统理论、模糊数学等这些单一方法中，选择两种或多种方法进行组合。此外，更深入的研究还包括多属性决策，考虑决策者的偏好，并应用偏好关系来表明决策者对备选方案的偏好。目前，研究人员已经提出了模糊偏好关系、语言偏好关系、直觉模糊偏好关系和乘性偏好关系等。

（2）应用多属性决策理论分析海洋工程装备制造业供应链企业间合作伙伴的选择。

经济全球化、市场个性化需求，促使越来越多的企业选择利用企业间合作来降低自身发展风险这一方法。合作是产业组织的一个基本行为特征，企业通过与其他企业合作，获得互补性资源，产生协同效应，降低资源差异和投资不确定性，创造更新或者更大的价值，实现共同进化。但企业间合作无论是正式形式还是非正式形式，合作伙伴的选择均对各方的目标实现、企业战略的发展尤为重要。企业间合作伙伴的选择已经成为学者的研究热点，国内外学者对合作伙伴的研究主要集中于合作伙伴选择的影响因素与合作伙伴选择评价两个方面，其中供应链企业间信任、合作公平性、企业声誉、企业间信任、合作契合度、企业间合作的意愿、网络嵌入、企业规模、研发能力以及管理水平是影响供应链企业合作的主要因素。

现有研究认为企业选择合作伙伴应主要考虑两方面内容，一是合作能力标准，包括资源投入能力、研发能力、生产能力、营销能力和组织运营能力等；二是合作者匹配性标准，如企业间彼此沟通的默契度、企业内部职能之间的协调度等。合作能力标准是供应链企业间合作的基础,决定了合作企业合作战略的性质和目标,同时能够影响整体供应链的发展。合作者匹配性标准能够协调企业间合作进程、时效,使合作企业获得专业化效益和规模经济,降低供应链成本和提高供应链服务水平。

海洋工程装备制造业供应链企业间合作者的选择具有多属性、复杂性、多元化等特点。同时,多变的市场需求、日益竞争激烈的市场环境也推动海洋工程装备制造业供应链企业进行资源整合、技术共享等,共同实现发展目标。海洋工程装备制造业供应链企业间的有效合作能够集聚更丰富的资源,研发新技术,获得高效的供应链管理,从而达到合作企业双赢的效果。刘克寅等基于合作伙伴间异质性资源互补匹配的研究,提出企业合作伙伴的选择评价方法。雷纶源构建了基于合作伙伴的信誉、资源能力、技术状况、管理水平及企业兼容度的供应链企业合作创新伙伴选择模型。程巧莲等从合作伙伴特征、合作关系特征及合作潜力方面(评价指标包括技术创新、营运、声誉、合作经验、人际信任、资产专用、合作动机、战略相似性、承诺、沟通、冲突解决机制等)构建了关于合作创新伙伴信任评价指标体系。本书采用多属性决策方法,依据海洋工程装备制造业供应链企业间合作特点建立评价指标体系,进一步探索和筛选组合评价方法,试图对海洋工程装备制造业供应链企业间合作者的选择进行研究。

2.2.1.3 合作行为理论

(1)合作行为理论概述。

长久以来,合作与竞争行为是各个学科的研究热点,研究者们尝试从不同的角度来分析和理解合作行为,由此产生了许多理论。有学者认为合作行为是对贡献者和收益者都有利益的行为,如 David G. Rand 认为合作最简单的定义是一个个体通过付出一定的代价来帮助他人而获取利益。也有学者认为,合作是一种亲社会行为,是指参与者为达到特定目标,实现共同的目的而协同进行的活动。这种活动需要彼此在心理和行为上相互配合。人类社会之所以是一个动态的、相互联系的整体,是因为生活中每时每刻都在发生着合作行为。在管理领域,分工包括市场与社会两个方面。分工的组织形式从人的组织形式、市场交易形式到社会生产形式都是长期的社会分化的结果,并能够获得比较优势。而合作则是社会分化与组织协调的有效整合。

在当前经济一体化趋势下,企业供应链发展日趋成熟,合作行为被认为既是网络经济时代下供应链企业间合作的产物,又是支持供应链企业间合作的动力。具体可从以下两个层面进行理解,第一,合作行为是供应链企业间为了共同的目标进行的多要素、多维度、多资源、多工具的持续性协调活动，实质上是供应链企业间的比较优势互补、资源利用整合，是市场理性、工具理性的自觉延伸过程。第二，合作行为受到制度和伦理道德双重约束，是供应链企业间一种集体保暖降低风险的行为，并以此构建了系统化利益关系、信任关系和制度关系等体系。从供应链企业自身发展角度看，合作行为的影响因素由从内到外的三个维度构成。第一个维度：供应链企业因属性和特征不同而产生不同的行为，这是合作行为选择时的首要因素。第二个维度：企业自身偏好、合作内容与奖惩制度会影响供应链企业合作的倾向。第三个维度：合作具有相对稳定性，在没有变化的情况下，合作内容本身不会发生变化，但若环境发生变化，可能会对合作行为带来根本性影响。

综上，合作行为是内因和外因共同作用的结果，应当重视合作行为产生的影响。一般情况下，企业间合作有两种形式，一种是投资合作，一种是互惠合作。投资合作是指贡献者在直接付出成本的同时只有收益者获得直接利益的合作行为；而互惠合作是指对于投资者和收益者来说都可以获得直接积极利益的合作行为。供应链企业间合作一般多为后者。供应链企业进行合作具有一定的理论性，在充分考虑合作的特定行为及其产生影响的基础上，能够对所收集的信息进行系统的整理、分析和利用，即通过行为态度和主观规范来解释合作行为，并预测合作行为的结果。部分学者对不同合作的详尽过程和结果进行分析与探索，认为合作过程中研发资源上的投入、合作意愿、双方信任程度均能够影响合作结果，同时，发现企业合作过程中不同程度的依赖关系也会影响企业的合作绩效。部分学者也发现心理授权、有效沟通和相互信任等因素会不同程度对合作效果产生影响，需要在实际合作中逐步建立的有效联系是重要的影响要素、必要保障。

（2）应用合作行为理论分析海洋工程装备制造业供应链企业间合作绩效。

从历史进程的角度来看，供应链企业关系的发展进程为传统企业关系—物流关系—战略伙伴关系。任何一个企业合作关系的构建和发展都离不开企业在合作中的表现行为，而企业在合作中表现出的行为受“社会、经济、技术”的影响。合作是多个具有独立资格的企业为实现总目标与个人目标，将配置资源集合，通过彼此相互的承诺、信任、协调而最终实现个体目标和共同目标。海洋工程装备制造业供应链企业为了降低自身发展风险，获得核心竞争力，选择与合作企业进行资源分享，并从中获取目标利益。

合作行为是一个在进化上具有优势的行为模式，促进合作的个体获得更大的收益，合作行为的促进与本身的奖惩机制能够帮助企业从合作行为中获得超额收益。

在经济利益的驱使下，海洋工程装备制造业供应链企业之间的合作行为表现为企业内部反应和外部关联，主观规范反映了外部环境的作用，知觉行为是个体对行为感知的表现。基于海洋工程装备制造业供应链企业间合作的多样化、复杂化，应用合作行为理论分析海洋工程装备制造业供应链企业间合作机理是适当的。

2.2.1.4　关系治理理论

(1)关系治理理论概述。

关系治理最早由美国学者麦克尼尔在关系契约理论中提出，Poppo 和 Zenger 在此基础上将关系治理从关系契约中剥离,认为关系治理是相对于正式的契约推进的一个复杂过程。关系治理是指通过有效的经济或管理措施和采取影响关系的一系列活动和机制来改善企业关系绩效。关系治理是依赖社会规范和个人关系交易的一种双边治理机制,在市场渠道中形成对称、稳定、长期的渠道关系,体现为渠道合作伙伴之间的相互协调和自律。与传统的控制机制相比,关系治理可以降低交易成本,更有效地协调组织活动,目前对关系治理内涵的研究大多集中在:关系治理的研究重点——合作治理,关系治理对象——纵向间合作的企业,关系治理的“规则和条件”,其中关系治理主要指信任与声誉机制、互惠性和灵活性以及有效沟通与共同愿景。

①信任与声誉机制。信任是关系治理研究中最关键的治理机制。联合计划与企业间信任与关系治理互为积极影响。扎希尔和维克托曼研究证实了企业间信任对企业代理问题有重要促进作用。关系合同的实施过程中声誉对公司的发展尤为重要。从利益的角度看,声誉使合作企业在利益的获取上,不仅考虑当前利益,还需关注近期利益。从合作违约风险的角度看,声誉使合作企业在机全主义发生时,更多考虑违约后声誉受损,给企业造成利益损失。因此,声誉不仅能够降低违约风险,而且能够增进合作双方的稳定性。相反,如果一个企业投机取巧,它的不遵守规则也会被行业中的其他公司或其代理人看到,很容易失去企业销售所必需的信誉,可能会导致企业间合作失败。

②互惠性和灵活性。互惠性是关系治理的关键因素。首先,互惠可以促进信任与声誉机制的建立。其次,在相互信任的基础上帮助双方形成自律,寻求一种有利于交易双方的交易机制,不仅可以降低交易成本,分散业务风险,避免资产特殊性和不确定性造成的机会主义行为,而且可以实现企业之间的互利共赢,既避免了交易的市场风险,又降低了再次寻找下一个供应商的成本。建立互惠关系治理机制可以增强双方的信任。交易的灵活性是互惠互利的有效手段。鉴于此,灵活的关系治理机制不仅可以促进双方的互信,而且可以提高双方交易的成功率。

③有效沟通与共同愿景。有效沟通与关系治理是正相关的,良好的沟通和紧密的监控,有助于提升主体间的信任感,从而有助于减少违约行为。对关系治理的研究得出:有效的沟通和共同的愿景是正相关的,有效的沟通包括沟通的时间和沟通的内容,并最终对公

司绩效产生积极影响。此时的沟通才是具有价值的，才能够满足双方共同的期望，合作意愿才能够不断强化。在沟通过程中，分享的不仅仅是关于双方合作的内容，相关企业发展计划和目标也要进行相应的共享，便于双方及时调整合作内容、合作方式。此外，共同愿景是有效沟通的另一种形式。比如，建立共同愿景被视为一种关键的治理手段。拥有共同愿景就意味着目标是一致的，减少了一定的冲突。有效沟通有助于共同愿景的形成，有效沟通和共同愿景也是一种治理方式。

（2）应用关系治理理论推进海洋工程装备制造业供应链企业间合作。

关系治理理论建立在主体间有限理性和信息不完全假设之上，有限理性使得法律、制度以及契约都不可能十分完备，但关系治理可以弥补正式契约适用性的局限，目前关系治理是利用关系规范机制进行控制，所谓关系规范是指将企业间合作行为限制在准许范围内，是一种可控制的异常行为的保护。这种规范大多嵌入在合作等社会关系中，合作中存在非法律制裁的关系规范，通过签订合作契约规范，制约、激励企业在合作中承诺并兑现彼此责任。目前很多供应链节点企业已开始利用关系规范与其上下游供应商构建长期合作关系，帮助管理、监督合作伙伴的行为，促进企业间合作交流的稳定发展。

海洋工程装备制造业供应链企业在合作过程中，利用关系治理等机制保障其合作关系的稳定性、长期性和高效性。企业间重视成本和收益的考量，随着企业间合作的不断深入，供应链企业间自身的排他性和制度监管的有限性与信息的不对称性，外部合作环境的变化以及突发性事件的发生，导致企业可能出现出卖合作伙伴而获取超额利润的机会主义行为。机会主义行为是企业合作中不可避免的，严重影响企业间合作绩效、合作周期、合作的最终结果，从而束缚了海洋工程装备制造业供应链企业间合作。

而关系契约治理能够对正式制度进行有效补充，降低企业间合作风险和提高合作绩效。在推进海洋工程装备制造业供应链企业间合作过程中，首要的前提是选择合适的合作伙伴，企业应从效率的角度出发，选择符合自身发展要求的伙伴。关系的维持需要对能力性指标和关系性指标同时进行衡量，利用一定的体系对合作关系进行评价，并对关系运行状况、合作效果进行诊断和治理，利用关系规范如信任、承诺、协调、制约等手段保障合作关系能够稳定持续发展。信任是海洋工程装备制造业供应链企业间关系治理的关键环节，可以有效降低机会主义行为的发生概率，提高海洋工程装备制造业供应链企业间合作绩效、项目绩效。企业间有效的信息沟通能够有效提高企业间信息透明度，剔除合作的无效、冗余信息，降低合作成本和提高联盟合作绩效。

海洋工程装备制造业供应链企业间合作过程中，供应链节点企业间应建立基于信任与协调的供应链企业间合作保障。鉴于前期学者和学术界的相关研究与探索，本书采用关系治理理论推进海洋工程装备制造业供应链企业间合作研究。

2.2.2　供应链企业间合作动力

动力是激发和维持企业经营行为的倾向和驱动力，是决定行为的重要因素。在经济一体化背景下，企业合作的重要驱动力是追求更好的发展。企业在参与合作的过程中，不仅能够获得经济利益、技术进步、规模扩大，同时能获得良好的声誉。海洋工程装备制造企业作为具有独立行为的"经济人"，其合作动机指的是企业参与供应链节点企业间合作的动力。

2.2.2.1　基于不同视角的供应链企业间合作动力研究

交易成本理论、资源依赖理论、企业成长理论及组织学习理论对企业间合作动机都有不同的阐释。Williamson 等学者从交易成本理论的观点出发，指出企业通过伙伴关系可以降低市场带来的不确定性，并减少组织层级制导致的相关成本，从而使生产和交易成本最小化。Jeffrey H. Dyer 等批判性地利用产业结构理论、资源依赖理论揭示了企业间合作关系的动因，包括：企业间特定的关系资产、共有知识、资源互补能力、企业间关系管理机制，并提出企业通过合作能够将内外部资源有效结合形成新的竞争优势。Vik Pant 提出企业存在的主要目的是追求利益最大化。企业成长理论则认为企业合作的基本价值是生产出消费者需要并得到认可的商品，以公平的价格对外销售，满足消费者需求的同时实现盈利。

王艳艳从供应链企业间合作中人流、物流、资金流、技术流和信息流互动优化的角度，提出推动供应链企业间合作的动力包括利益趋同、交易成本、产业结构调整、产业生态需求、市场推动与资源驱动等。冯长利等提出技术复杂性的企业日益倾向于通过合作联盟实现技术整合、创新。马永红基于企业参与产学研合作的动力机制研究，将企业参与合作的动机分为内部（经济利益和技术创新）、市场、社会责任等。

2.2.2.2　海洋工程装备制造业供应链企业间合作动力的构成要素分析

基于交易成本理论、资源依赖理论、企业成长理论以及组织学习理论对海洋工程装备制造业供应链企业间合作中主要存在的问题进行研究，其包括，第一，海洋工程装备制造业产品，主要项目建造周期长、施工技术复杂、受装备工作环境的变化影响大，对交易方搜寻的成本较高，如当总承包商需要选择分包商或材料设备、预制部品部件生产供应商时，在市场上搜寻合适的供应商需要获得供应商的生产能力、技术水平、市场信誉、服务能力等关键信息。第二，海洋工程装备制造总装企业在合同签订前为了规避未来的不确定因素给自己带来的不利影响,必须尽可能地在合同中对各种意外的情况做出评估,同时由于海洋工程装备制造业产品附加值高,因此研发成本与风险非常高。第三,海洋工程装备制造业技术具有较高的资源性和专用性。海洋工程装备制造业供应链企业间合作体现为供应链合作企业间的物流、资金流、技术流和信息流等的加速流动和优化配置,进而产生推动供应链企业间合作的驱动力。徐达奇在研究企业间合作创新的动力机制中提出,合作创新的驱动力分为外在动力与内在动力,其中政府、社会、市场与科技竞争是外在动力,而利益、创新风险、资源配置等是促进合作创新的内在动力。

本书综合分析企业间合作动力的模型研究的相关文献,结果显示合作动力模型主要包括"需求拉动模型,技术推动、需求 - 技术拉动模型,技术与市场交互作用模型,社会需求与社会资源拉动模型,六种因素作用模型"等。魏江基于企业间技术创新动机机制的分析提出,企业间技术合作的六因素主要有利益驱动、市场或社会需求、企业职工推动、企业形象、技术发展、市场竞争以及政府组成。六种因素作用模型探讨技术创新的驱动因素,为企业有意识地完善自身技术创新系统提供一定的驱动分析理论基础。但我们也应注意到该模型分析上的一些不足,如作者将利益驱动与市场驱动划分在内生动力范围内,但在供应链企业发展中,市场驱动在研究文献中,大多被划分为外部驱动,同时企业间利益驱动应进一步细化为企业经济利益驱动,而企业职工推动、技术推动为企业发展的内生动力。基于以上研究,本书提出我国海洋工程装备制造业供应链企业间合作驱动力包括:利益驱动、技术驱动、市场驱动和资源驱动四个方面。

(1)利益驱动。

利益是社会主体的需要在一定条件下的具体转化形式,它表现社会主体对客体的一种主动关系。就供应链节点企业而言,企业间合作利润最大化是企业发展的终极目标。魏志华基于产品市场竞争能力的视角提出,企业的经营中提升企业商誉的最终目的是盈利。企业是以赢利为目的的经济实体,其合作目的是获得比单个企业经营更多的收益。由于市场竞争日益激烈,市场的复杂性和不确定性增加,导致任何一个企业都不可能只在其内部就可获得所需要的全部物资投入和信息。为了在激烈的市场竞争中获得更多的利益,企业之间不得不进行合作。在市场经济体制下,利益的驱动是企业进行合作的最根本动因。

因此,在日益激烈的市场竞争以及不确定的市场环境下,企业在彼此相关利益一致性以及交互性的基础上能够积极参与合作。这种利益有多种表现形式,如成本降低,企业获取超额收益、规模经济效益,营业收入提高等。

(2)技术驱动。

技术创新是企业发展的核心动力,产品质量管理是影响企业顾客满意度、企业声誉的重要因素。技术是企业选择合作的内在驱动力。国内外学者从不同的角度研究技术的内涵,技术指建立新的生产功能,包括技术图纸、工艺流程、要素配置、系统和质量管理体系创新。Mansfield 提出将技术创新扩展到市场,并提出技术创新是一个与市场和客户互动的过程,具有复杂性、系统性和动态性。此外,还有学者从产业层面对技术创新进行研究。Yang 基于内生经济增长理论,提出企业技术创新与企业之间相互作用,是创新成果的推广、应用和扩散的过程。傅家骥和陈劲提出技术创新是将技术转变为商品价值,并通过市场交易获得使用价值,从而获得商业利润的过程和行为。在全球经济一体化的形式下,供应链节点企业生产的任何一个产品或原材料出现质量问题都会导致海洋工程装备制造业出现重大生产事故。因此,在技术驱动下,供应链企业间合作能够实现企业间联盟合作,提升产品技术、工艺、服务和质量。

基于以上研究,本书认为基于海洋工程装备制造业供应链企业间的技术资源有集成化、研发高风险化的特点,技术创新指海洋工程装备制造业供应链企业技术资源的吸收、利用、研发与实践的反复循环过程。同时,开放式一体化经济发展模式下,技术驱动下的联盟合作已经成为海洋工程装备制造业供应链企业间合作的重要驱动力。

(3)市场驱动。

在企业转型、企业成长战略选择时,竞争者导向、顾客导向和跨职能导向是决定企业行为的主要因素,其能够体现企业的营销策略、合作策略、内部文化氛围。目前,鉴于我国海洋工程装备制造业产品的工作区域不同、客户需求不同、产品生产数量小、技术水平高、产品价值高、生产周期长等特点,海洋工程装备制造业的发展必须以市场发展为主要导向。

海洋工程装备制造业市场导向主要包括以下几个方面。第一,客户需求是海洋工程装备制造业供应链节点企业发展的外部驱动力,总装企业为更好地满足客户需求而寻求与上下游节点企业长期合作的可能性。第二,海洋工程装备制造业因海上作业的环境以及技术要求,使得我国海洋工程装备制造业具有产品线多且产品需求单一,同时产品生产周期长等特点,因此,海洋工程装备制造业存在技术创新、产品研发等劣势,海洋工程装备制造业供应链企业间合作则可以降低此类风险,通过合作把部分风险适量、有针对性地转移给合作伙伴。第三,在全球一体化竞争时代,供应链企业意识到企业间只有通过合作才能获得和维持企业核心竞争力。在这个过程中,市场导向指引海洋工程装备制造业供应链企业间合作发展,市场导向对于海洋工程装备制造业供应链企业间的合作有驱动作用。

(4)资源驱动。

企业核心竞争力是建立在企业核心资源的基础上,任何一个企业拥有的资源都具有有限性,企业在开发业务领域时面临的困难之一是如何获得足够的资源。建立供应链企业间合作关系不仅能够满足维持企业核心竞争力的需要,同时能够为企业在相对较弱的领域提高资源保障。资源基础理论强调合作伙伴间彼此能够带来有价值的资源,该理论以互动依赖性与合作结构稳定性为主要研究内容,包括人才等有形资源以及资本、技术、知识类的无形资源。企业可以通过寻求合作提升共享资源,积累到富有价值的、稀缺的或难以模仿的资源以提升整体竞争力。

基于联盟组合的整合视角,海洋工程装备制造业供应链企业发展新目标实现的过程中必然涉及内外部资源同时整合。更重要的是,联盟组合中的联盟伙伴,具有不同规模和类别的资源且相互关联。资源整合是指企业对获取的知识、信息资源进行调整、重构的复杂动态过程,节点企业在经由协同所获取的知识和资源的基础上,确保新体系更有条理性、系统性、价值性及柔性。企业间构建合作机制可以通过信息密切交流实现协同工作,进而实现企业目标。信息整合为企业内部有限信息的利用与传递提供前提,为供应链其他企业间信息互换与获取提供基础,实现与其他供应链企业信息节点的良好对接。

2.2.3 供应链企业间合作行为

我国海洋工程装备制造业供应链企业间合作战略构建的核心思想为“合作与整合”,即通过企业间合作实现相关资源的共享与整合,进而实现共赢。Kotabe 等认为,一方面,企业间战略合作能够促进彼此了解对方需求进而降低合作及交易成本;另一方面,企业间在长期合作中建立的默契,能够高效整合、利用相关共享资源,帮助企业提高各自的核心竞争力的同时有效规避外部环境不确定性带来的风险。

2.2.3.1 海洋工程装备制造业供应链企业间合作行为的内涵

合作行为是指个人或组织为达到共同目标而采取的有利于合作的活动。这样的活动可以实现双方的发展。早期的合作行为从研究者的个体行为开始,扩展到企业或组织的形式和管理模式的变革。目前研究学者对合作行为的研究逐渐深入。理查森在产业组织研究的基础上提出合作行为是企业与市场之间的一种组织形式,其实质是整合不同企业之间的不同资源。Wagner 认为,企业间合作指企业为完成目标,愿意为合作伙伴付出努力的行为程度。Otto 提出企业在合作过程中衡量行为的指标主要包括彼此资源的投入程度与透明度。

韦倩在合作行为经济性的基础上,提出企业间合作是在提升自身能力的同时给对方带来利益的协作性活动,并强调合作行为的本质是利己与利他的同一性。合作行为在心理学领域被认知为个体意愿、认知、感情、思维的综合性表达,企业合作行为是企业合作健康持续发展的关键因素。赵媛媛认为合作行为与合作态度在企业间合作中高度协同时，表现出较高的合作绩效。袁泉基于企业间合作行为的研究，提出企业间合作行为是基于企业自身态度与其他企业发生的互利互惠的行动。丁利军、李雪峰在供应链合作伙伴关系管理过程研究中指出供应链企业间合作行为指供应链合作企业为实现供应链整体效率目标，降低交易成本，提升供应链核心竞争力，企业彼此共享信息技术资源、共同运营和决策、沟通和协调的过程。宋衍娜认为供应链企业间的合作行为是供应链成员企业基于共同的发展目标，开展的一种对自身与合作伙伴都有利的行为，包括协调、沟通和约束等。

基于供应链企业间合作行为研究以及海洋工程装备制造业供应链企业间合作的特点，海洋工程装备制造业供应链企业间合作行为指包括海洋工程装备制造总装企业、设备制造商、原材料供应商、科研机构以及最终客户的各企业，以提高海洋工程装备技术研发能力、创新能力，获取超额利润，提升企业核心竞争力以及市场占有率为最终目标，在供应链企业间合作过程中表现出的沟通协调、风险共担、信息资源共享、彼此信任、信守契约、机会主义行为等，既作用于企业自身发展又影响合作企业后续发展的行为。

2.2.3.2　海洋工程装备制造业供应链企业间合作行为的研究维度

Moberg 研究发现供应链管理过程中信息共享是关键因素，对供应链企业间合作战略实施具有举足轻重的作用。David，Johnston 在供应链企业合作绩效研究中提出责任分担、信息共享和供应链柔性是供应链企业合作的三个维度，有利于合作企业的共同决策和执行，降低交易成本。徐学军、谢卓君在 David 对供应链企业信任研究的基础上，构建了供应链成员企业之间的信任合作模型。Lvens 的研究表明企业间合作行为规范的制定，既有利于企业关系价值的提升，又可以避免败德行为的发生，并在此基础上将企业间合作关系归结为企业间双边关系，而其合作行为的表现主要有信息共享和联合协作两个方面。Srinivasan，Brush 在研究供应链企业合作绩效时提出专项投资、信息共享和共同行动三个合作行为对提升供应链合作企业间合作绩效有显著性效应。Gadde 在比较工程制造供应链企业间关系与合作程度的研究中提出，企业间合作行为包括合作适应以及企业间互利互动等。Briscoe 等基于评估高质量合作伙伴之间关系的特征与状态的研究，提出企业间信息技术与交流是影响企业间合作行为的关键维度，而信任、公开、承诺是企业间合作关系中最迫切需要的态度。

在国外学者对供应链合作行为研究的基础上，国内学者卢俊义等基于供应链合作行为与公司绩效的关系的探讨，提出联合创新与协同发展是合作团队成员企业间的合作行为的两种表现形式。钱丽萍在其他研究学者理论研究的基础上，认为企业间联合创新与专项投资能够显著提升企业间技术创新能力。

Cheung 在研究中提出企业间信任是维持供应链企业间合作关系健康发展的最重要因素，同时认为评价与汇报失准、机会主义、集体认同缺失、道德败坏、有效信息共享等是有可能造成企业间合作关系破裂的行为因素。Pint 等调查了企业间信任在加拿大工程建设企业发展中的重要性，认为建筑行业供应链整体竞争力的提升依赖于上下游企业间合作信任，并赋予信任不同的意义。其中，对业主而言，对制造商的能力与品德方面的评价同等重要，对制造商而言，其上下游的原材料供应商的能力与品德同等重要。反过来而言，供应链上原材料供应商对制造商只在道德品质上的信任要求比较高，而对能力方面没有信任要求。杨耀红运用系统模拟研究方法提出激励与沟通是供应链企业间合作关系维持的重要行为。Ng 总结承诺、公正、信任、准备工作、建立共同目标、应用合作工具与程序、选择适当的合作伙伴、合作评估、即兴反应、机会主义、缺乏承诺、分配机制等十二种影响企业间合作关系发展的因素，并提出机会主义是可能导致供应链企业间合作失败的影响因素之一。

2.3 研究框架设计及理论说明

供应链企业间合作是海洋工程装备制造业供应链发展的重要模式，其合作的本质是以海洋工程装备制造业总装企业为核心，以“提升企业核心技术能力、企业规模、超额收益，提高市场占有率和供应链整体绩效”为战略目标，合理选择海洋工程装备制造业供应链企业合作伙伴，在相互独立、彼此信任、沟通协调、信息共享等的基础上，充分发挥海洋工程装备制造业供应链核心企业决策者的重要作用，充分调动合作伙伴的能动性。海洋工程装备制造业供应链企业间合作具有结构复杂性、选择多样性、合作技术复杂性、整体性、集成性、松散性等特点，而且还受多种因素的影响和作用。

本书通过资源依赖理论、合作行为理论、多属性决策理论及关系治理理论从海洋工程装备制造业供应链企业间合作的整体、组织内部以及关系治理视角深入理解海洋工程装备制造业供应链的特点、供应链企业间合作动力机制以及海洋工程装备制造业供应链企业间合作机理研究等内容，进而为提升我国海洋工程装备制造业整体竞争力，帮助海洋工程装备制造业供应链节点企业提升核心技术能力、企业规模、超额收益，提高市场占有率和供应链整体绩效，实现海洋工程装备制造业供应链企业间的持续、稳定、健康合作，为海洋工程装备制造业供应链企业间管理提供科学依据和理论指导。其中，关于海洋工程装备制造业供应链企业间合作机理及保障机制研究的概念模型如图 2－1 所示。

海洋工程装备制造业供应链企业间合作关系的模型中主要有海洋工程装备制造供应链企业间合作关系构建与维持、供应链企业间保障机制研究。其中海洋工程装备制造业供

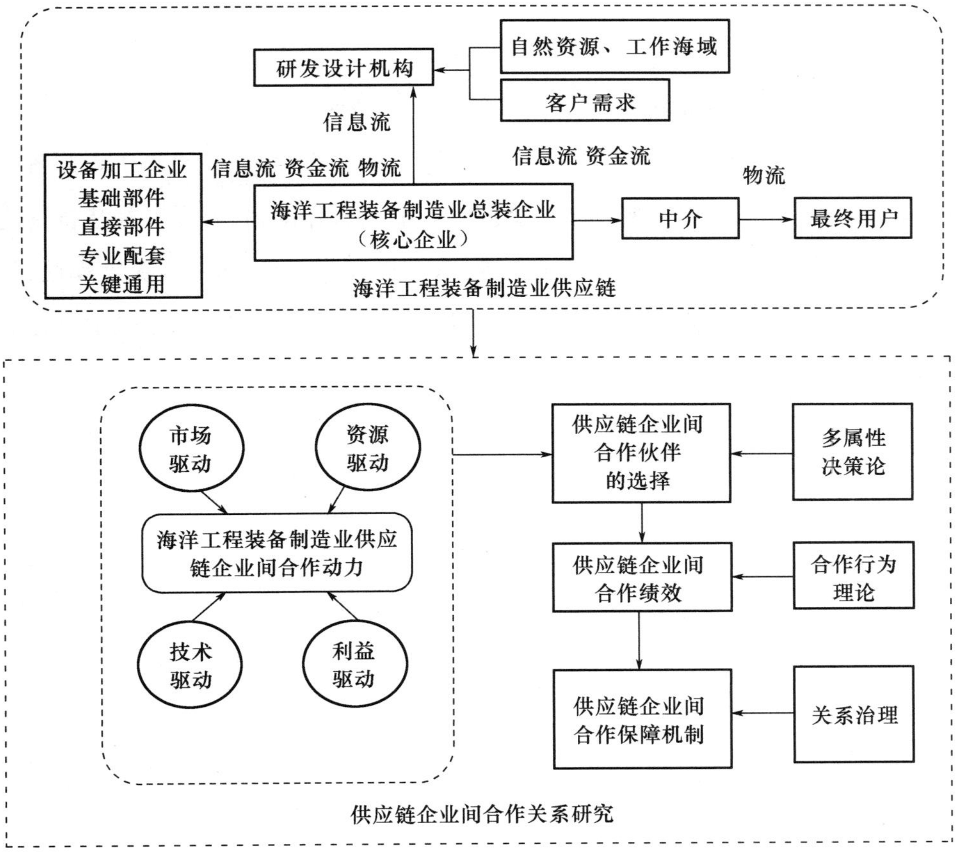

图 2－1　海洋工程装备制造业供应链企业间合作机理及保障机制概念模型

应链企业间合作研究主要包括：第一，运用组织结构方程与三角模糊数研究方法的供应链企业间合作动力探讨；第二，基于扎根理论与 GRNN－DELMAT 研究方法的海洋工程装备制造业供应链企业间影响因素识别与分析；第三，基于 PSO－TOPSIS 改进法的海洋工程装备制造业供应链企业间合作伙伴选择的评价；第四，基于供应链企业间合作行为的海洋工程装备制造业供应链企业间合作绩效研究。同时遵循供应链企业间合作机理研究中的实证先行的原则。

本书以海洋工程装备制造业供应链节点企业、总装企业为实证分析对象，实证探讨海洋工程装备制造业供应链企业间合作关系。在海洋工程装备制造业供应链企业间合作保障机制研究部分主要探讨了基于组织即兴视角、企业间信任视角和沟通协调视角的供应链企业间合作保障机制。本书提出的概念模型揭示了海洋工程装备制造业供应链企业间合作的影响因素以及合作关系的维持，拓宽了海洋工程装备制造业供应链研究的理论视角，实现了海洋工程装备制造业供应链企业间的持续、稳定、健康合作，能够对海洋工程装备制造业供应链企业间合作管理提供科学依据和理论指导。

2.4 本章小结

本章对海洋工程装备制造业特点、海洋工程装备制造业供应链、海洋工程装备制造业供应链企业间合作、海洋工程装备制造业供应链企业间合作动力、海洋工程装备制造业供应链企业合作行为进行界定,运用资源依赖理论、合作行为理论、多维度决策理论、关系治理理论等基础理论构建海洋工程装备制造业供应链企业合作机理及保障机制研究的理论研究模型。

第3章　海洋工程装备制造业供应链企业间合作动力研究

企业发展并非是一个拥有所有资源的封闭系统，而是将内部与外部环境合理配置与运用，即需要将外部的信息、技术等资源，以某种形式在企业内部进行整合、转化，最终形成自身核心竞争力的运营体系。因此，增加供应链节点企业间的联系与合作能够提高供应链节点企业间物流、资金流、信息流和工作流的流动效率，提升企业技术创新能力及核心竞争力，扩大企业规模，是海洋工程装备制造业供应链企业提升企业技术创新能力、规模效益的重要途径。

3.1　海洋工程装备制造业供应链企业间合作动力与企业间合作

3.1.1　利益驱动与海洋工程装备制造业供应链企业间合作

企业是以营利为目的的经济实体，其合作目的是获得比单个企业经营更多的收益。利益驱动是企业间合作的最根本动因。在面临日益激烈的市场竞争以及不确定的市场环境下，企业间在彼此相关利益一致性以及交互性的基础上能够积极合作。经济学家科斯在研究中提出，资源所有者联合比企业单独运营能够获取更多的竞争优势，达到资源配置更加合理化效果，企业间优势互补，获得合作规模下效益，降低交易成本。罗炜从成本的角度研究企业间的合作动力，认为当企业间具有产品相关性时，企业间合作能够形成经济规模效应和降低成本。祖延勋基于创新合作的动力机制的研究，提出企业合作中利益相关的驱动力，包括降低成本、获取更多的规模效益。

降低成本是海洋工程装备制造业供应链企业间合作的最主要的经济动因，海洋工程装备制造业供应链的产品供给包括从产品设计到产品服务多个环节，参与海洋工程装备制造业供应链企业间合作的企业都力争在运营中节约成本，包括库存成本和交易成本。如果企业间构建合作关系，通过供应链节点企业间的沟通与信息共享，能够有效消减各个环节的产品及原材料库存，保证产品、原材料的及时供应。Williamson 研究认为，交易方式与治理结构的匹配能够节约交易成本，研究经济组织的核心问题是能否节约交易成本。交易成本的高低与供应链企业间合作程度密切相关,企业通过合作能够减少不必要的摩擦与矛盾以及不必要的谈判与协商,更经济地减少合作企业间的不确定性,从而减少由此引起的包括时间耗费、信息成本、谈判成本和监督履行契约成本在内的交易成本。

规模效益是海洋工程装备制造业供应链企业间合作的最直接的经济动因。供应链合作属于非零和博弈,可以通过合作实现共赢。海洋工程装备制造业供应链的参与主体大多为海洋工程装备制造产品各生产、装配的核心产业,通过与海洋工程装备制造业供应链核心企业的合作提高企业的合作规模效益。合作规模效益是企业在合作与选择不合作时,由交易成本降低获得的效益,即 H1 >2 的双赢效益,多余的那一部分,即合作的边际效益。也就是我们所说的 1 +1 >2 的双赢效应,大于的那一部分,即合作的边际收益。Richard 认为工业化的本质是:生产出大量的产品单元,并将投资划分成无限小单元,通过提高产量单元减少单个生产单元的固定成本与边际投入,节约下的成本转化为大量的产品提供给用户。在全球经济一体化趋势下,海洋工程装备制造业供应链节点企业进行了专有资源的积累,使其在各自的领域内具有优势,而进入另一领域时则显示了弱势。同时企业不可能拥有足够的资源,因此,企业通过相互合作给双方带来扬长避短的机会,这种机会让海洋工程装备制造业供应链企业通过合作赢得规模效益,由于海洋工程装备制造业产品具有周期长、零部件多、结构及技术复杂的特点,各海洋工程装备制造业供应链企业将众多组件分批次交由核心企业总装成品并交货于用户。各生产企业只能采用企业间协同合作,通过企业间信息共享、资源整合,降低研发风险,提升创新能力,沟通协调满足差异化需求。由于海洋工程装备制造业产品的小批次装制,企业间需根据预先确定的合作清单,允许不同层次的定制,进而实现合作规模经济。其本质是当合作时的边际交易费用等于边际组织成本(代理成本)时,合作取得最佳规模效益。显然,合作的规模效益最大化是供应链企业间合作的重要驱动力,规模效益的实现是供应链企业提交效益凸显的重要因素。鉴于以上研究,本书提出以下假设:

假设 H_{11}:成本降低与海洋工程装备制造业供应链企业间合作正相关。

假设 H_{12}:规模效益与海洋工程装备制造业供应链企业间合作正相关。

3.1.2 技术驱动与海洋工程装备制造业供应链企业间合作

技术是与知识获取、吸收、创新、应用有关的组织行为,是企业有效处理组织内部或组织之间信息的过程,也是技术驱动型企业创造、更新、提升潜在和现有能力的过程,表现为企业从外部知识环境中引进对自身有用的技术知识来提升技术能力。技术驱动下的供应链企业间合作成功达到了整合资源的目的并使供应链与创新链有机结合在一起,提升了企业技术能力和产品质量。同时,技术资源研发费用与企业面临的研发风险,促使企业积极寻求技术研发合作。随着研发过程的日益复杂和综合,单个企业在开展研发时,可能难以承受所有的创新费用及风险,而合作可以分担昂贵的研究费用。肖汉杰基于低碳环境下企业技术与协同创新的研究提出,技术驱动包括技术引进、技术创新与扩散。技术密集型战略主要包括:提升技术创新能力和降低创新风险。Glaister、Buokley 总结出技术转移与交换、风险共担是建立企业战略联盟的主要技术动因。基于海洋工程装备制造业供应链企业间的技术资源集成化、研发高风险化的特点,在开放式一体化经济发展模式下,风险共担、技术创新下的联盟合作已经成为海洋工程装备制造业供应链企业间合作的重要驱动力。技术引导下的企业间联盟合作能够大大降低企业间研发风险,提高企业产品及技术研发成功率。

降低研发风险是企业间合作的重要驱动因素。企业的根本目标是在尽可能低的技术研发风险下追求利润的最大化,但技术创新是一项高风险的开发活动,这与企业的根本目标发生矛盾。企业间通过一定的合作方式从其他企业搜索并获取自己所需的技术资源,开展企业间技术交流引进,加强企业所需技术的引进、吸收、整合和利用,提高企业研发能力,降低研发风险,其产品竞争能力和竞争优势有直接的关系,尤其是以高技术产品为核心的企业。李从东提出企业进行新技术研发最好的措施是进行技术联盟合作,通过技术引进达到资源优势互补,尽可能降低研发风险,从而实现低成本下的企业收益最大化。田继双研究提出企业间进行合作创新多是为了共同开发新技术,进而将技术成果转化为实际产品,推向市场获取利益,合作技术研发阶段是合作创新过程中最关键的环节,而合作技术研发阶段最考验的就是合作各企业的技术实力。

企业技术创新能力的持续积累,能够促进传统制造企业的技术水平的提升,包括开发新技术或改进已有技术。对原有要素的配置比例进行优化,最终实现海洋工程装备制造业供应链企业从劳动密集型向资本密集型或技术密集型转型,进而提高海洋工程装备制造企业技术产品附加值或提升供应链企业的全要素生产效率。同时,技术是我国海洋工程装备制造业发展的核心动力,是我国海洋工程装备制造业发展的重要支撑,因此,推动我国海洋工程装备制造业供应链企业合作必须加强产学研合作,推动产业升级。研究显示,技术创新模式逐渐成为企业资源集成化与企业行为协同化的驱动力,技术创新下的海洋工程装备制造业供应链企业间合作是企业间集聚技术创新资源、开展技术合作以提升海洋工程装备制造业企业综合实力、利润、生产效率以及整个产业核心竞争力的重要途径。鉴于以上研究,本书提出以下假设:

假设 H_{21}:降低研发风险与海洋工程装备制造业供应链企业间合作正相关。

假设 H_{22}:技术创新与海洋工程装备制造业供应链企业间合作正相关。

3.1.3 市场导向与海洋工程装备制造业供应链企业间合作

在市场的指导下,企业需要通过合作搜集信息、把握市场需求,创造出顾客满意的产品或服务,以获得较大的市场份额。郑洁茹,周飞在研究市场导向与商业模式的研究中提出,具有较高市场导向的企业能够主动适应变幻莫测的市场变化,在充分了解顾客和市场竞争对手情况的条件下,与供应链节点企业合作快速做出市场反应,提出相应对策以满足客户需求和应对市场变化。Narver 等发现,市场导向有利于企业通过竞争者、顾客以及企业间实现资源共享。市场定位分为两种类型:移动和反应。积极的市场导向是指企业对客户现有和新兴需求的被动和按需满足,主要与企业原有知识库相关。创业市场定位主要以企业为主。企业积极发现,挖掘和满足客户的潜在需求,他们的双重能力主要受探索性学习能力的影响,其影响主要与他们潜在的搜索能力和知识扩展相关。迪布雷尔将市场导向分为前瞻性和响应性市场导向,提出客户需求与企业创新能力正相关,企业需要建立专门的灵活机制来满足客户需求。同时,也有学者从权变理论的角度分析,市场取向对新产品开发的影响取决于环境,不同市场取向在新产品开发过程中的影响受需求不确定性的影响。研究显示,不同的市场导向对企业间合作的影响存在差异化。基于学者对市场导向的分类,本书将市场导向分为前瞻型市场导向和响应型市场导向,两者既具有相对独立又具有优势互补的特性,但在保障组织战略实现和资源部署上需要区分前瞻型市场导向和响应型市场导向的差异性和平衡性。

前瞻型市场导向满足客户的潜在需求,引导供应链企业间开展探索性资源开发活动,进而促进产品的研发与服务。响应型市场导向强调企业解决客户“已表达的需求”和响应外部市场信息,有助于供应链企业间通过合作相互理解,及时应对客户的显性需求。响应型市场导向有利于海洋工程装备制造业供应链企业及时抓住市场机会,促进企业间通过合作顺畅并以较低的成本投入获得较高的技术市场,前瞻型市场导向指海洋工程装备制造业供应链企业对目前尚未表达的潜在顾客需求的关注与挖掘。前瞻型市场导向的企业倾向于搜寻全面的、多样化的市场信息并领先顾客。海洋工程装备制造业供应链企业间合作注重营造良好的合作氛围,加快新产品或服务的研发步伐,缩小产品周期,减少交易成本,降低创新风险,更好地满足客户的需求。由于产品的工作海域不同,客户需求不同,而且生产规模小,技术水平高,产品价值高,生产周期长等特点,因此海洋工程装备制造业供应链企业的发展必须以市场与客户需求为导向。鉴于以上研究,本书提出以下假设:

假设 H_{31}:前瞻型市场导向与海洋工程装备制造业供应链企业间合作正相关。

假设 H_{32}:响应型市场导向与海洋工程装备制造业供应链企业间合作正相关。

3.1.4　资源驱动与海洋工程装备制造业供应链企业间合作

资源具有有限性、稀缺性、独特性等特征,是供应链企业间合作的资源驱动力,信息资源的合理流动和优化资源配置是供应链企业间合作的驱动力,其合理的流动能够确保企业对共享创新资源进行识别、获取、配置和融合。资源依赖理论认为,企业不可能拥有其生存和发展所需的全部资源,需依赖外部环境中的资源来维持生存。为了自身的生存和发展,企业通常会寻求拥有自身所需资源的企业,并将其视为合作伙伴,努力与其建立紧密的合作关系。企业在与寻找到的伙伴建立合作关系的过程中,资源互补发挥着至关重要的作用。一方面,资源互补为实现战略目标提供可能性,双方需要整合各自的独特资源,从而增强合作优势及合作关系建立的可能性;另一方面,资源互补意味着战略对称性,双方均衡共享独特资源禀赋及实现合作优势,从而实现彼此间相互依赖。

资源依赖性是指企业之间为了达到预期共同目标而相互需要资源的互补程度。当某种资源不能在市场轻易获得时,企业间合作就成为资源的主要获取渠道。企业之间的资产、信息、技术、产品、服务及市场等方面均可列入互补资源范畴。企业之间资源依赖性越强,合作的可能性就越大。如果在双方彼此愿意合作、共享拥有的资源且投入程度较高时,双方就均可以达到在市场上形成较强竞争优势的目的。研究显示,企业间建立合作的功能之一就是能从外部寻求资源弥补自身的不足进而将获取的资源有效整合。程晓基于公共数字文化资源机构合作意愿的研究提出,资源整合与结构间合作意愿正相关。同时异质性信息等资源在合作企业间有效流通,对于提升企业合作动力与合作绩效有显著的促进作用。付丙海基于资源整合对新创企业的实证研究提出,经由信息等资源的整合,能够帮助企业获取市场动态,有利于引导创新的方向,推动新企业用合作创新的方式推动企业发展。资源技术理论认为,企业只有将从外部获取的各种资源与固有资源进行有效整合,才能确保资源更新扩充,同时为供应链企业间合作提供充分的支撑,资源整合度越高,有效资源的流动性越好,资源价值饱和率及配置率越高,供应链企业间合作意愿及动力表现越强烈。

海洋工程装备企业单靠自身资源无法完成高端装备产品的研制生产工作,需从外部采购大量的资源。其中,技术资源对海洋工程装备企业尤为关键。当企业无法通过内部化取得异质性且必需的技术资源时,其对外部能够提供异质性技术资源的伙伴型供应商产生依赖。当其资源应用领域有限,仅仅在与企业的资源进行整合才能发挥出最大价值时,其对供应链节点企业的市场资源产生依赖。由于企业与伙伴型供应商彼此需要对方,双方所贡献的资源正是彼此欠缺互补的,并且双方资源整合能使他们实现任何一方单独无法实现的目标,因而双方不仅愿意相互合作,也愿意形成相互依赖关系。根据资源依赖理论的观点,双方形成相互依赖关系,可以稳定获取互补资源和应对外部不确定性,并且双方间资源互补度越高,双方形成相互依赖关系的可能性越大。鉴于以上研究,本书提出以下假设:

假设 H_{41}:资源依赖与海洋工程装备制造业供应链企业间合作正相关。

假设 H_{42}:资源整合与海洋工程装备制造业供应链企业间合作正相关。

综上所述,海洋工程装备制造业供应链企业间合作动力要素构成如图 3－1 所示。

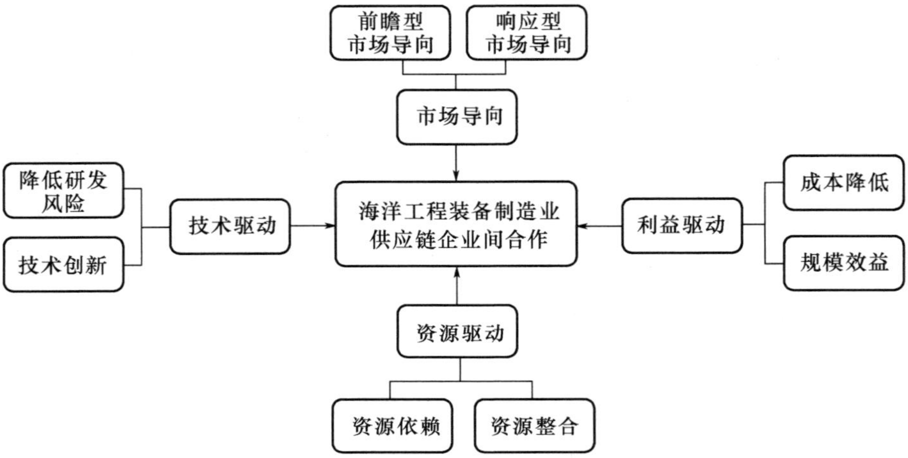

图 3－1　海洋工程装备制造业供应链企业合作动力要素

3.2　实证分析数据选取和描述性统计分析

3.2.1　样本数据选取

海洋工程装备制造业具有技术密集型与产业集群双重特点,是国民经济发展的主体。海洋工程装备制造企业十分重视技术创新能力的提升,同时集群企业实施合作创新战略,是我国制造业产业升级,提升产业国际竞争力,实现我国由制造大国向制造强国迈进的重要举措。我国中东部地区的海洋工程装备制造业相对发展较快,总体反映了我国海洋工程装备制造业发展水平,具有一定的对比参考意义。被调查企业设定为我国中东部地区的海洋工程装备制造企业,均隶属于海洋工程装备制造业。被调查企业在新技术开发数量、新项目数量、专利数量、新技术研发投入与产出、科技成果转化率、科研成果产出率、技术研发成本和风险、新产品产值、企业利润率、企业供应链管理、企业间合作、企业生产运作与管理、企业成立年限、企业资产总额、企业盈利能力、企业声誉、企业市场占有率等方面均具有一定的典型性和代表性。被调查企业均为海洋工程装备制造业供应链的核心企业，均拥有大量的亲密合作伙伴，绝大多数企业通过了质量认证。

通过文献信息分析，以及综合对我国海洋工程装备制造业企业相关调研，对我国海洋工程装备制造业供应链企业间的合作动机进行相关研究，并针对企业的相关调研人员，提出导向性的问卷以及访谈，调查问卷采用实地调研、电话、电子邮件、面对面访谈等方式发放与回收，答卷者是具有代表性制造企业的中高层管理人员且熟悉并掌握企业运行的整体状况，为确保问卷信息的真实性，要求答卷人员留下姓名及联系方式，以便做后续跟踪。被调查的中高层管理人员具有丰富的工作经验，均熟悉供应链、企业间合作、企业生产运营与管理等相关理论知识和实践知识。与此同时，为保证调查问卷结构设计合理，本书对调查问卷进行预调研处理。以黑龙江省 10 家制造企业为样本，采用纸制版与电子邮件两种形式发放预调研问卷 35 份，回收问卷后对被调研者反馈回来的问题进行修改与完善。参考已有的成熟量表的设计经验修正，并通过双向翻译，基本上能够使概念、测量与原问卷保持等同性并符合中文的情景，最大限度地提高表述和测量的精确性，形成最终量表。本着自愿、匿名、保密的原则进行调研，以确保问卷能够正确反映研究主题和研究侧重点。发送问卷 350 份，实际收回问卷 310 份，去掉有缺失值和极端答项的问卷 46 份，有效问卷为 264 份，问卷有效率为 75.43%。样本企业描述性统计结果见表 3－1，对产业分布而言，被调查企业均隶属于海洋工程装备制造业，样本共计 264 份，所占比例为 100%。对企业性质而言，国有及国有控股企业 120 份，占比 45.45%；私营或民营企业 51 份，所占比例为 19.32%；合资企业 64 份，所占比例为 24.24%；独资企业 29 份，所占比例为 10.98%。对企业成立年限而言，5 年以下 48 份，所占比例为 18.18%；5～10 年 95 份，所占比例为 35.98%；11～15 年 25 份，所占比例为 9.47%；16～20 年 37 份，所占比例为 14.02%；20 年以上 59 份，所占比例为 22.35%。对企业员工人数而言，100～500 人 96 份，所占比例为 36.36%；501～1 000 人 58 份，所占比例为 21.97%；1 001～2 000 人 25 份，所占比例为 9.47%；2 001～5 000 人 49 份，所占比例为 18.56%；5 000 人以上 36 份，所占比例为 13.64%。对企业所在网络规模而言，2 个 17 份，所占比例为 6.44%；3～5 个 34 份，所占比例为 12.88%；6～10 个 37 份，所占比例为 14.02%；11～15 个 80 份，所占比例为 30.30%；15 个以上 96 份，所占比例为 36.36%。

表 3-1　样本企业描述性统计

描述性统计对象	描述性统计明细	样本/份	所占比例/%
产业分布	海洋工程装备制造业	264	100
企业性质	国有及国有控股企业	120	45.45
	私营或民营企业	51	19.32
	合资企业	64	24.24
	独资企业	29	10.98
企业成立年限	5 年以下	48	18.18
	5~10 年	95	35.98
	11~15 年	25	9.47
	16~20 年	37	14.02
	20 年以上	59	22.35
企业员工人数	100~500 人	96	36.36
	501~1 000 人	58	21.97
	1 001~2 000 人	25	9.47
	2 001~5 000 人	49	18.56
	5 000 人以上	36	13.64
企业所在网络规模	2 个	17	6.44
	3~5 个	34	12.88
	6~10 个	37	14.02
	11~15 个	80	30.30
	15 个以上	96	36.36

基于以上研究，供应链企业间合作动力主要包括四个方面：利益驱动、技术驱动、市场驱动以及资源驱动。利益驱动方面，本书借鉴 Williamson、岳于惠、王志刚等的研究，经过适度修改，主要从供应链企业间的降低成本（包括库存成本、交易成本）、规模经济两个维度（共 14 个题项）测量供应链企业合作的利益驱动。本书借鉴朱慧明等的研究主要从技术创新、技术研发风险两个维度（合计 13 个题项）测量供应链企业合作的技术驱动力。市场导向方面，本书参考和借鉴 Narver 等的相关研究，用 15 个题项测量市场导向的前瞻型市场导向与响应型市场导向两个维度。资源依赖优势取决于供应链合作伙伴对焦点企业的依赖程度与焦点企业对合作伙伴的依赖程度之间的差距。对于依赖程度的测量，本书邀请被试就选择合作伙伴的范围大小，更换合作伙伴的成本大小，以及合作伙伴交易的可替代三个方面来估计。资源整合方面，本书参考和借鉴付炳海、乔琳提出的量表，共 12 个题项，测量

供应链企业合作的资源驱动中的资源整合与资源依赖两个维度。

本书选取企业规模、企业成立年限、企业所在网络规模作为控制变量，探讨海洋工程装备制造业供应链企业合作动力机制。研究显示，企业规模越大，越有利于企业创新；企业成立时间越长，越具备创新的资源优势；企业所在网络规模越大，意味着节点企业数量越多，企业可获取的资源越多，越有可能通过合作提升企业竞争力。基于 Boso 等的研究，本书采用问卷调查的形式，企业成立年限用年份与企业成立年份之间的差值测量（企业成立年限 5 年以下—1；5～10 年—2；11～15 年—3；16～20 年—4；20 年以上—5）。企业规模用企业员工总人数衡量（100～500 人—1；501～1 000 人—2；1 001～2 000 人—3；2 001～5 000 人—4；5 000 人以上—5）。企业所在网络规模用组织目前的合作伙伴数量表示（2 个—1；3～5 个—2；6～10 个—3；11～15 个—4；15 个以上—5）。调查问卷详见附录。

3.2.2　样本的描述统计分析

3.2.2.1　信度和效度分析

量表信度和效度检验包括量表信度检验和量表效度检验，其中量表效度检验还包括探索性因子分析法（EFA）和验证性因子分析法（CFA）。为确保正式问卷量表和数据的有效性，本书对正式量表重新进行了信度和效度检验。正式量表信度检验（可靠性检验）结果见表 3－2，各分量表的总体相关系数（CITC）均大于 0.5；同时量表的整体信度为 0.969，量表的整体信度高于 0.7。因此，量表具有较高信度，可以采用此量表进行分析。具体而言，量表题项和指标的 CITC 系数范围依次为 0.712～0.765、0.708～0.736、0.705～0.735、0.702～0.744、0.689～0.726、0.681～0.745、0.665～0.721、0.618～0.699；8 个变量为企业规模效益、成本降低、技术创新、研发风险降低、前瞻型市场导向、响应型市场导向、资源依赖及资源整合，其克朗巴赫 α 系数（Cronbach's α）数值依次为 0.915、0.907、0.902、0.887、0.881、0.842、0.796、0.784。

表 3－2　正式量表信度检验结果

变量	CITC	Cronbach's α
规模效益	0.712～0.765	0.915
成本降低	0.708～0.736	0.907
技术创新	0.705～0.735	0.902

续表

变量	CITC	Cronbach's α
研发风险降低	0.702～0.744	0.887
前瞻型市场导向	0.689～0.726	0.881
响应型市场导向	0.681～0.745	0.842
资源依赖	0.665～0.721	0.796
资源整合	0.618～0.699	0.784

3.2.2.2 探索性因子分析

根据预调研初步探索性因子分析结果，本书对部分题项进行了修改。在效度检验中，本书首先运用主成分分析法，其次采用方差最大化正交旋转因子的旋转方式，提取因子，最后，利用提取因子对调研结果进行探索性因子分析。探索性因子分析结果见表3－3，量表的探索性因子分析检验具有较好的效度。

表3－3 探索性因子分析检验结果

变量	因子载荷的最小数值	变量解释的方差百分比/%	检验统计量
规模效益	0.754	85.276	0.908
成本降低	0.746	83.841	0.902
技术创新	0.741	81.447	0.884
研发风险降低	0.738	80.248	0.871
前瞻型市场导向	0.694	75.464	0.864
响应型市场导向	0.668	73.284	0.832
资源依赖	0.651	68.337	0.778
资源整合	0.643	65.467	0.765

3.2.2.3 验证性因子分析

探索性因子分析的有关独立的假定，使得测量结果与实际之间存在一定误差，因此，需要采用验证性因子分析检验各因子能否反映维度。本书运用 Amos 22.0 软件，采用固定负荷法进行分析。验证性因子分析给出多项拟合结果指标，常用拟合指数有绝对拟合度衡量值（CMIN/DF、RMR、CFI 和 RMSEA）、增量拟合度衡量值（AGFI、NFI、TLI 和 GFI）和简要拟合度衡量值（PNFI 和 PGFI）三种。Bollen 的研究显示，CMIN/DF < 3 说明模型数据拟合较好，CMIN/DF < 5 表明是可接受的拟合。Hair 等的研究显示，GFI，NFI，CFI，NFI 指标 > 0.9，AGFI > 0.7，RMR < 0.08，RMSEA < 0.1，PNFI > 0.5 时，模型数据拟合较好。其中，必要的结构方程模型对应的拟合优度指标包括卡方与自由度之间的比值 CMIN/DF，RMSEA，CFI 和 TLI。本书的验证性因子分析结果详见表 3-4，量表的验证性因子分析检验具有较好的效度。

表3-4　验证性因子分析检验结果

变量	验证性因子分析对应因子载荷的最小数值	临界比值（CR）的最小数值	必要的结构方程模型对应的拟合优度指标
规模效益	0.738	10.843	CMIN/DF = 2.245，RMSEA = 0.058，CFI = 0.95，TLI = 0.95
成本降低	0.718	9.645	CMIN/DF = 2.368，RMSEA = 0.062，CFI = 0.95，TLI = 0.95
技术创新	0.708	8.214	CMIN/DF = 2.412，RMSEA = 0.076，CFI = 0.935，TLI = 0.94
研发风险降低	0.702	8.029	CMIN/DF = 2.561，RMSEA = 0.068，CFI = 0.94，TLI = 0.94
前瞻型市场导向	0.684	7.641	CMIN/DF = 2.588，RMSEA = 0.071，CFI = 0.94，TLI = 0.93
响应型市场导向	0.661	6.624	CMIN/DF = 2.664，RMSEA = 0.073，CFI = 0.93，TLI = 0.93
资源依赖	0.618	5.581	CMIN/DF = 2.675，RMSEA = 0.076，CFI = 0.92，TLI = 0.92
资源整合	0.602	4.962	CMIN/DF = 2.846，RMSEA = 0.079，CFI = 0.91，TLI = 0.91

3.3 海洋工程装备制造业供应链企业间合作动力的实证研究

结构方程模型(SEM)作为常用的验证性因子分析手段,具有准确测量变量间关系、对成因或影响因素分析便捷、拟合指标数量较多的优势,也存在操作复杂,不便进行较多变量间关系研究的劣势,一般进行单层次不进行多层次或跨层次分析。结构方程模型的构成部分主要包括测量模型和结构模型两部分,测量模型表示各测量变量对构念的关系,结构模型则是各构念间的递归模型。具体如图 3-2 所示。

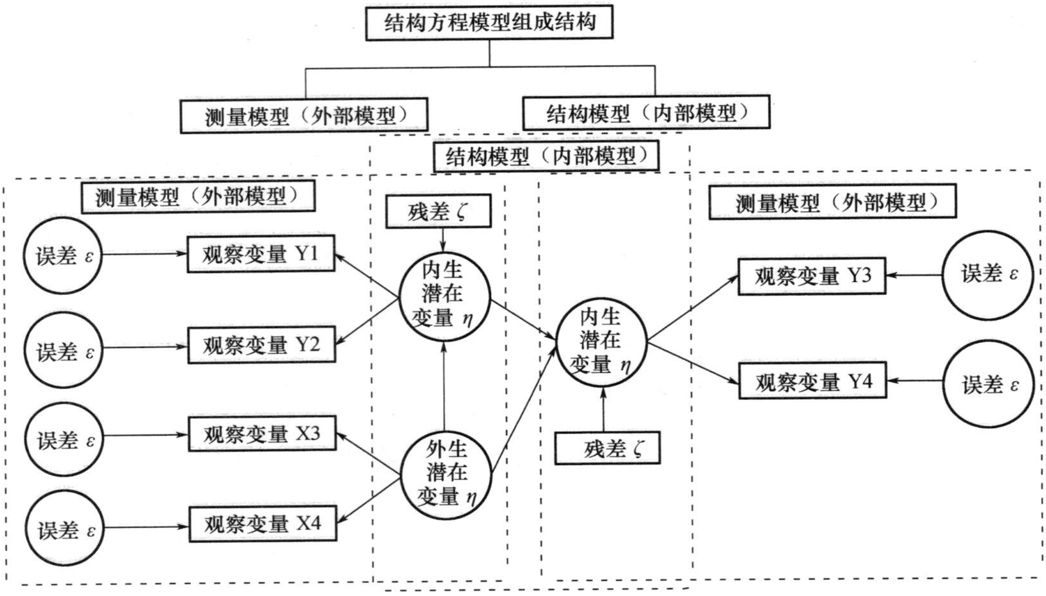

图 3-2 结构方程模型的构成

本书通过 Amos 22.0 软件估计路径系数,计算结构方程模型的拟合优度指标,设置结构方程模型的修正路径和修正指标,再次构建结构方程模型,再次估算路径系数,直至结构方程模型对应的拟合优度指标达到规定的标准为止等。

$$\text{PDF} = \max\left[\frac{x^2 - \text{d}f}{N-1}, 0\right] \tag{3-1}$$

$$\text{RMSEA} = \text{sqrt}\left(\frac{\text{PDF}}{\text{d}f}\right) \tag{3-2}$$

$$\text{TLI} = \text{NNFI} = \frac{(x_N^2/\text{d}f_N) - (x_T^2/\text{d}f_T)}{(x_N^2/\text{d}f_N) - 1} \tag{3-3}$$

$$\text{CFI} = 1 - \frac{\max(x_T^2/\text{d}f_T, 0)}{\max(x_N^2 - \text{d}f_N, 0)} \tag{3-4}$$

其中，N 表示样本容量；df 为自由度；df_N 为虚拟模型的自由度；df_T 是理论模型的自由度。本书部分变量的多元（Multivariate）峰度值为33.267，大于10，联合正态的条件未能满足。为解决非正态的问题，须采用自助法（Bootstrap），进行Bollen－Stine Bootstrap运算。结果显示 p 值均高于0.1，表明不能拒绝所示的理论分析框架、研究概念模型及原假设模型。

构建结构方程模型，设定内生潜在变量为海洋工程装备制造业供应链企业间合作，设定外生潜在变量为利益驱动、技术驱动、市场驱动和资源驱动。使用Amos 22.0软件，Bootstrap法运算，最大似然法（ML）对已构建的结构方程模型进行估算，对海洋装备制造业供应链企业间合作的核心动力进行实证分析，确定海洋工程装备制造业供应链企业间合作的动力。初始的结构方程模型的路径系数、路径系数对应的临界比值（CR）、拟合优度指标数值均较差，因此需要进一步采纳结构方程模型的修正方法，修正结构方程模型。通过建立外生潜在变量、内生潜在变量、显在变量对应的残差项e之间的共变关系不断提高拟合优度指标，直至达到规定标准。最终经修正的结构方程模型估计结果详见表3－5。

表3－5　路径系数估计结果

路径	路径系数	路径系数对应的临界比值（CR）	显著性水平
规模效益——海洋工程装备制造业供应链企业间合作	0.430	10.465	$p<0.01^{**}$
成本降低——海洋工程装备制造业供应链企业间合作	0.421	9.385	$p<0.01^{**}$
技术创新——海洋工程装备制造业供应链企业间合作	0.368	8.846	$p<0.01^{**}$
研发风险降低——海洋工程装备制造业供应链企业间合作	0.345	8.476	$p<0.01^{**}$
前瞻型市场导向——海洋工程装备制造业供应链企业间合作	0.309	7.412	$p<0.05^{*}$
响应型市场导向——海洋工程装备制造业供应链企业间合作	0.302	6.684	$p<0.05^{*}$
资源依赖——海洋工程装备制造业供应链企业间合作	0.298	2.761	$p<0.05^{*}$
资源整合——海洋工程装备制造业供应链企业间合作	0.284	2.684	$p<0.05^{*}$

注：$^{*}p<0.05$；$^{**}p<0.01$；$^{***}p<0.001$，全文同。

表3－5的最终结构方程模型的估计结果显示，企业间的利益驱动与海洋工程装备制造业供应链企业间合作之间的标准化路径系数为0.430、0.421，临界比值（CR）为10.465、9.385，显著性概率水平小于0.01，即企业间利益驱动对海洋工程装备制造业供应链企业间合作有显著正向预测作用和显著性积极促进作用，是供应链企业间合作的核心动力。

技术驱动下，技术创新与研发风险降低与海洋工程装备制造业供应链企业间合作之间的标准化路径系数为0.368、0.345，临界比值（CR）为8.846、8.476，显著性概率水平小于0.01，即技术驱动对海洋工程装备制造业供应链企业间合作有显著正向预测作用和显著性积极促进作用，能够驱动和推进海洋工程装备制造业供应链企业间合作。

市场导向包括前瞻型市场导向与响应型市场导向，分别与海洋工程装备制造业供应链企业间合作之间的标准化路径系数为0.309、0.302，临界比值（CR）为7.412、6.684，显著性概率水平小于0.05，即市场导向对海洋工程装备制造业供应链企业间合作有显著正向预测作用和显著性积极促进作用，能够驱动和推进海洋工程装备制造业供应链企业间合作。

资源驱动包括资源依赖与资源整合，二者分别与海洋工程装备制造业供应链企业间合作之间的标准化路径系数为0.298、0.284，临界比值（CR）为2.761、2.684，显著性概率水平小于0.05，即资源驱动对海洋工程装备制造业供应链企业间合作有显著正向预测作用和显著性积极促进作用。

3.4 海洋工程装备制造业供应链企业间合作动力的揭示与确认

本书从动力因素之间的相互作用及影响以及动力之间的复杂因果关系出发，结合海洋工程装备制造业供应链企业间合作动因的理论分析以及海洋工程装备制造业供应链企业间合作动因的实证分析结果，进一步采纳基于三角模糊数的决策实验室分析法（DEMATEL），揭示与确认海洋工程装备制造业供应链企业间合作动力机制，确定哪些合作动因是原因变量和结果变量。

（1）基于三角模糊数的DEMATEL算法。

第一步，构建评价尺度集。参照已有研究构建三角模糊数的基础语言评价尺度集，建立五项评价尺度："没有""较弱""弱""强"和"很强"，同时给出相对应的语言算子转化方式，基础语言集与补充语言集见表3－6、表3－7。

表 3-6　基础语言集

语言算子	三角区间模糊数值
没有(N)	(0,0,0.25)
较弱(VL)	(0,0.25,0.5)
弱(L)	(0.25,0.5,0.75)
强(H)	(0.5,0.75.1.00)
很强(VH)	(0.75,1.00,1.00)

表 3-7　补充语言集

语言算子	三角区间模糊数值
没有+(N+)	((0,0),0.125,(0.25,0.5))
较弱+(VL+)	((0,0.25),0.25,(0.5,0.75))
弱+(L+)	((0.25,0.5),0.5,(0.75,1))
强+(H+)	((0.5,0.75),0.75,(1,1))

第二步，构建混合型初始直接关联矩阵。为清楚表示此类初始直接关联矩阵 $\boldsymbol{C}_k=[c_{kij}]_{n\times n}$，基础语言集为 Q_1、补充语言集为 Q_2，c_{kij}表示第 k 个专家的第 i 个动因对第 j 个动因的评价值，$1\leqslant k\leqslant K$，K 为最大值。若第 k 个专家的第 i 个动因对第 j 个动因的评价值属于基础语言集，则 $B_{kij}=(b_{l_{kij}},b_{m_{kij}},b_{u_{kij}})$；若第 k 个专家的第 i 个动因对第 j 个动因的评价值属于补充语言集，则$A_{kij}=((a_{l_{kij}},a'_{l_{kij}}),a_{m_{kij}},(a'_{u_{kij}},a_{u_{kij}}))$。

第 k 个专家给出的混合型初始直接关联矩阵记为

$$\boldsymbol{c}_k=\begin{cases}B_k, C_k\in Q_1\\A_k, C_k\in Q_2\end{cases}\tag{3-5}$$

(2)基于三角模糊数的 DEMATEL 算法的主要建模步骤。

为了能够计算混合型初始直接关联矩阵，构造出区间数直接关联矩阵 $\boldsymbol{M}=[M^-,M^+]$，构造出上界直接关联矩阵 $\boldsymbol{M}^-=[m_{ij}^-]_{n\times n}$和下界直接关联矩阵 $\boldsymbol{M}^+=[m_{ij}^+]_{n\times n}$。

首先，三角模糊数转化为区间数，转化公式为

区间数上界为

$$B_{\alpha_{kij}}^-=(b_{l_{kij}}+b_{m_{kij}})/2\tag{3-6}$$

区间数下界为

$$B_{\alpha_{kij}}^+=(b_{l_{kij}}+b_{m_{kij}})/2\tag{3-7}$$

其次,对补充语言集给出的评估值进行转化。三角区间模糊数转化为区间数 $A_{\alpha_{kij}}[A^-_{\alpha_{kij}}, A^+_{\alpha_{kij}}]$,转化公式为

区间数上界为

$$A^-_{\alpha_{kij}} = \int_0^1 \alpha(a_{l_{kij}} - (a_{m_{kij}} - a_{l_{kij}})\alpha)\,\mathrm{d}\alpha + \int_0^1 \beta(a'_{l_{kij}} - (a_{m_{kij}} - a'_{l_{kij}})\beta)\,\mathrm{d}\beta$$
$$= (a_{u_{kij}} + 4a_{m_{kij}} + a'_{u_{kij}})/6 \tag{3-8}$$

区间数下界为

$$A^+_{\alpha_{kij}} = \int_0^1 \alpha(a_{u_{kij}} - (a_{m_{kij}} - a_{u_{kij}})\alpha)\,\mathrm{d}\alpha + \int_0^1 \beta(a'_{u_{kij}} + (a_{m_{kij}} - a'_{u_{kij}})\beta)\,\mathrm{d}\beta$$
$$= (a_{u_{kij}} + 4a_{m_{kij}} + a'_{u_{kij}})/6 \tag{3-9}$$

混合型初始直接关联矩阵转化成区间数直接关联矩阵 $\boldsymbol{C}_{\alpha_k} = [C_{\alpha_{kij}}]_{n\times n}$,其值为

$$\boldsymbol{C}_{\alpha_k} = [C^-_{\alpha_{kij}}, C^+_{\alpha_{kij}}] \tag{3-10}$$

$$\boldsymbol{C}^-_{\alpha_{kij}} = \begin{cases} B^-_{\alpha_{kij}}, C^-_{\alpha_{kij}} \in Q_1 \\ A^-_{\alpha_{kij}}, C^-_{\alpha_{kij}} \in Q_2 \end{cases}, \boldsymbol{C}^+_{\alpha_{kij}} = \begin{cases} B^+_{\alpha_{kij}}, C^+_{\alpha_{kij}} \in Q_1 \\ A^+_{\alpha_{kij}}, C^+_{\alpha_{kij}} \in Q_2 \end{cases} \tag{3-11}$$

第 i 个动因对第 j 个动因的上下界区间数评价值为

$$m^-_{ij} = \frac{1}{k}\sum_{k=1}^{K} C^-_{\alpha_{kij}}, \quad i = 1,2,\cdots,n, \quad j = 1,2,\cdots,n \tag{3-12}$$

$$m^+_{ij} = \frac{1}{k}\sum_{k=1}^{K} C^+_{\alpha_{kij}}, \quad i = 1,2,\cdots,n, \quad j = 1,2,\cdots,n \tag{3-13}$$

将上界直接关联矩阵 $\boldsymbol{M}^- = [m^-_{ij}]_{n\times n}$ 和下界直接关联矩阵 $\boldsymbol{M}^+ = [m^+_{ij}]_{n\times n}$ 进行规范化,得到上界规范直接关联矩阵 $\boldsymbol{G}^- = [G^-_{ij}]_{n\times n}$ 和下界规范直接关联矩阵 $\boldsymbol{G}^+ = [G^+_{ij}]_{n\times n}$,其值为

$$g^-_{ij} = m^-_{ij} / \max_{1\leqslant i\leqslant n} \sum_{j=1}^{n} m^-_{ij} \tag{3-14}$$

$$g^+_{ij} = m^+_{ij} / \max_{1\leqslant i\leqslant n} \sum_{j=1}^{n} m^+_{ij} \tag{3-15}$$

求上界影响关系矩阵 $\boldsymbol{T}^- = [t^-_{ij}]_{n\times n}$,$\boldsymbol{I}$ 为单位矩阵,计算公式为

$$\boldsymbol{T}^- = \boldsymbol{G}^-(\boldsymbol{I} - \boldsymbol{G}^-)^{-1} \tag{3-16}$$

取下界影响关系矩阵 $\boldsymbol{T}^+ = [t^+_{ij}]_{n\times n}$,计算公式为

$$\boldsymbol{T}^+ = \boldsymbol{G}^+(\boldsymbol{I} - \boldsymbol{G}^+)^{-1} \tag{3-17}$$

在上界影响关系矩阵和下界影响关系矩阵的基础上,获得横向和 R 与纵向和 D。

$$R = [R^-_i, R^+_i] = \left[\sum_{j=1}^{n} t^-_{ij}, \sum_{j=1}^{n} t^+_{ij}\right] \tag{3-18}$$

$$D = [D_i^-, D_i^+] = [\sum_{i=1}^{n} t_{ij}^-, \sum_{i=1}^{n} t_{ij}^+] \tag{3-19}$$

利用基于度的排序方式对 R 和 D 求取实数值，即为影响度和被影响度。

影响度 R 的实数值为

$$R_{ij} = \frac{\max[0, l(Q_i) + l(Q_j) - \max(0, R_j^U - R_i^L)]}{I(Q_i) + I(Q_j)} \tag{3-20}$$

其中，$I(Q_i) = R_i^+ - R_i^-$，$I(Q_j) = R_j^+ - R_j^-$。

$$R_i = \sum_{k=1}^{n} R_{ik},\quad i = 1,2,\cdots,n \tag{3-21}$$

被影响度 D 的实数值为

$$D_{ij} = \frac{\max[0, 1(Q_i) + I(Q_j) - \max(0, D_j^U - D_j^L)]}{I(Q_i) + I(Q_j)} \tag{3-22}$$

其中，$I(Q_i) = D_i^+ - D_i^-$，$I(Q_j) = D_j^+ - D_j^-$。

$$D_i = \sum_{k=1}^{n} D_{ik},\quad i = 1,2,\cdots,n \tag{3-23}$$

中心度的公式为

$$P_i = R_i + D_i \tag{3-24}$$

中心度的值 P_i 越大，则表示相对应的第 i 个动因越重要，越有可能成为关键因素，决策者应该更加关注。

原因度的公式为

$$H_i = R_i - D_i \tag{3-25}$$

如果为 $H_i > 0$，表示相对应的第 i 个动因为原因属性。反之，如果为 $H_i < 0$，表示相对应的第 i 个动因为结果属性。

（3）实证研究。

前文已经通过结构方程模型方法实证识别和分析了海洋工程装备制造业供应链企业间合作的动因。本书在结构方程模型实证分析结果基础上，进一步验证动因和动因之间复制的因果关系、相互作用关系和相互影响关系，基于三角模糊数的 DEMATEL 算法和实证分析方法，实证分析哪些动因是原因因素，哪些动因是结果因素，哪些原因因素影响结果因素，进而完整揭示和有效确认海洋工程装备制造业供应链企业间合作的动力机制。

在前文有效问卷 264 份的基础上，继续对 264 个有效样本进行问卷调查分析，并结合相关领域 30 名专家的相关实地访谈数据，对收集的有效样本数据和专家实地访谈数据进行相应的标准化处理、中心化处理、均值化处理、极端值处理以及离散化处理等，分别对动因两两之间的重要性程度给出评价。采用本书所设计的基本语言集和补充语言集作为评价标准，构建混合型初始直接关联矩阵。由于收集到的有效问卷和相关专家意见数据较多，本书篇幅有限，在此不加以列出。其次，根据公式，将给出的初始直接关联矩阵计算转化为区间数直接关联矩阵。然后，根据公式，计算出动因的影响度、被影响度、中心度和原因度，见表 3－8。其中，F_1 为资源依赖，F_2 为规模效益，F_3 为技术创新，F_4 为前瞻型市场导向，F_5 为成本降低，F_6 为研发风险降低，F_7 为资源整合，F_8 为响应型市场导向。根据中心度和原因度确定动因之间的复杂因果关系、相互作用关系和相互影响关系，确定哪些动因是原因因素以及哪些动因是结果因素，原因因素影响结果因素。原因度小于 0 的动因为结果变量，结果变量受原因变量影响，同时结果变量之间相互作用、相互影响。

表 3－8　动因的影响度、被影响度、中心度和原因度的识别结果

	F_1	F_2	F_3	F_4	F_5	F_6	F_7	F_8
影响度	4.423 5	5.914	5.512	3.884	5.032	5.481	4.509	4.932
被影响度	5.861 2	4.213 1	424.66	3.943 8	4.123 5	5.215 6	6.040 8	5.579 6
中心度	10.281 2	10.151 2	10.112 7	7.806 9	9.151 3	10.680 9	10.551 2	10.562 8
原因度	－1.442 4	1.732 1	0.843 2	－0.049 2	0.915 8	0.265 712	－1.550 8	－0.588 6

最终，依据表 3－8 动因的影响度、被影响度、中心度和原因度的识别结果与排序，结果变量依次为前瞻型市场导向、响应型市场导向、资源依赖、资源整合；原因变量为规模效益、成本降低、研发风险降低、技术创新；关键因素和关键动因为规模效益和研发风险降低，对 4 个结果变量：前瞻型市场导向、响应型市场导向、资源依赖、资源整合产生关键影响。

综上所述，利益驱动包括成本降低与规模效益，是驱使海洋工程装备制造业供应链节点企业间进行合作的驱动力，是资源企业发展的基础动力。面对日益激烈的市场竞争，技术创新和市场导向是决定供应链节点企业未来可持续发展方向的重要驱动力。成本降低、技术创新和规模效益是核心竞争力，是海洋工程装备制造业供应链企业发展的关键。企业间以市场导向为核心，通过资源驱动，合作是必然趋势。此外，结合海洋工程装备制造业供应链企业间合作动因的理论分析以及海洋工程装备制造业供应链企业间合作动因的实证分析结果，进一步采纳基于三角模糊数的 DEMATEL 算法，确定哪些合作动因是原因变量以及哪些合作动因是结果变量。实证结果表明：4 个原因变量包括规模效益、成本降低、研发风险降低、技术创新，对 4 个结果变量产生影响；规模效益、成本降低、研发风险降低、技术创新 4 个动因是原因型动因，前瞻型市场导向、响应型市场导向、资源依赖、资源整合 4 个动因是结果型动因；4 个结果变量不会对 4 个原因变量产生影响。

3.5 本章小结

本章基于海洋工程装备制造业供应链企业合作动力研究，首先分析供应链企业间合作的动力要素，包括：海洋工程装备制造业供应链企业间合作的利益驱动、技术驱动、市场导向与资源驱动。利益驱动包括成本降低与规模效益，是驱使海洋工程装备制造业供应链节点企业间进行合作的驱动力，是资源企业发展的基础动力。此外，结合海洋工程装备制造业供应链企业间合作动因的理论分析以及合作动因的实证分析结果，进一步采纳基于三角模糊数的DEMATEL算法，揭示与确认海洋工程装备制造业供应链企业间合作动力机制，确定哪些合作动因是原因变量以及哪些合作动因是结果变量。

第4章　海洋工程装备制造业供应链企业间合作影响因素识别研究

海洋工程装备制造业供应链企业间合作是海洋工程装备制造企业协同壮大的必经之路，能够满足海洋工程装备制造企业技术需求、利益需求、市场需求和资源需求。同时供应链合作关系需要遵循合作的建立、发展与维持的规律。因此，海洋工程装备制造企业参与供应链企业间合作时，应明确合作过程中的影响因素，避免参与合作的盲目性。

4.1　海洋工程装备制造业供应链企业间合作影响因素识别

我国海洋工程装备制造业供应链企业间合作关系的影响因素研究比较少，同时海洋工程装备制造业本身具有的保密性导致缺少相关的资料以及历史数据。扎根理论是一种针对现象进行归纳的研究，其精髓在于通过科学的逻辑，归纳、对比、分析一系列螺旋式循环渐进式提升的过程，最终形成概述性的概念以及理论，具有系统化以及程序性特点，且相关研究资料收集不需要依赖历史数据。鉴于以上研究，扎根理论分析方法与我国海洋工程装备制造业供应链企业间合作关系的影响因素研究具有良好的默契度。第一，现有文献大部分是在静态分析和情景假设的基础上直接确定我国海洋工程装备制造业企业间合作关系的影响因素，进而提出提升海洋工程装备制造业供应链管理策略，缺乏对影响因素的有效识别和分析。因为我国海洋工程装备制造业企业间合作关系影响因素指标众多，不同的因素分析方法导致研究结论多样化。第二，基于海洋工程装备制造业的技术保密性、动态性与复杂性，扎根理论非常适合于提炼我国海洋工程装备制造业企业间合作关系的影响因素，识别关键影响因素，进而构建相应的理论模型。第三，通过对我国海洋工程装备制造企业进行案例分析，利用扎根理论对影响因素进行聚类分析。

扎根理论最早由 Glaser 和 Strauss 提出，是经过系统化资料收集与挖掘，用归纳的方法将资料转化为概念然后建立理论的过程，是一种较为科学的质性（定性）研究方法。扎根理论强调对资料的收集与整理，以确保研究结论的正确性及可信度为出发点，其主要目的是从理论层次上描述现象的本质和意义，进而建立一个将多种资料文献整理、归纳、演绎、规范的理论，具有系统性、程序性以及易操作性，其主要研究流程如图 4－1 所示。

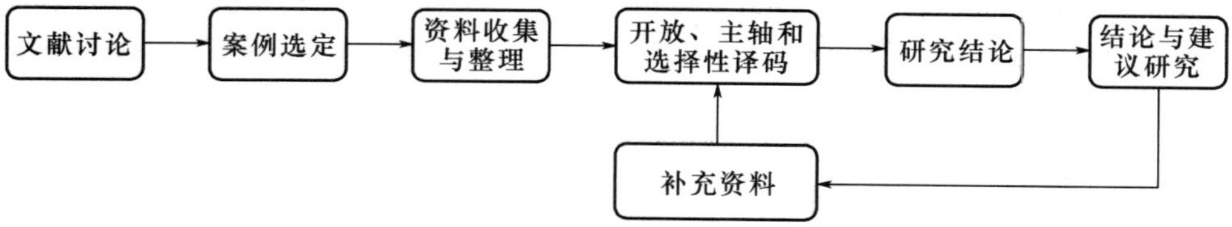

图 4－1　扎根理论研究流程图

4.1.1　资料收集与整理

基于理论抽样原则，本书多渠道收集资料以提高研究结论的可靠性、信度以及效度。选择数据的主要来源有：①企业的官方网站[整理包括：企业发展历程、企业年报、企业重大新闻、组织机构、企业核心技术（如潜式钻井平台、海洋石油 981、自升式钻井平台、深水起重铺管船等）研发团队建设、基础设施配套等]；②电视等媒介，收集关于海洋工程装备制造企业的人物访谈，参看相关视频以及文章；③网络媒介，收集海洋工程装备制造行业的发展动态、统计年鉴、新闻报道、产业政策、区域政策及产业发展报告；④与企业中高级管理人员以电话或面对面采访的形式，收集有关企业间合作的相关信息。为保证收集相关资料的异质性、可靠性，数据的收集主要有以下四个阶段，如图 4－2 所示。

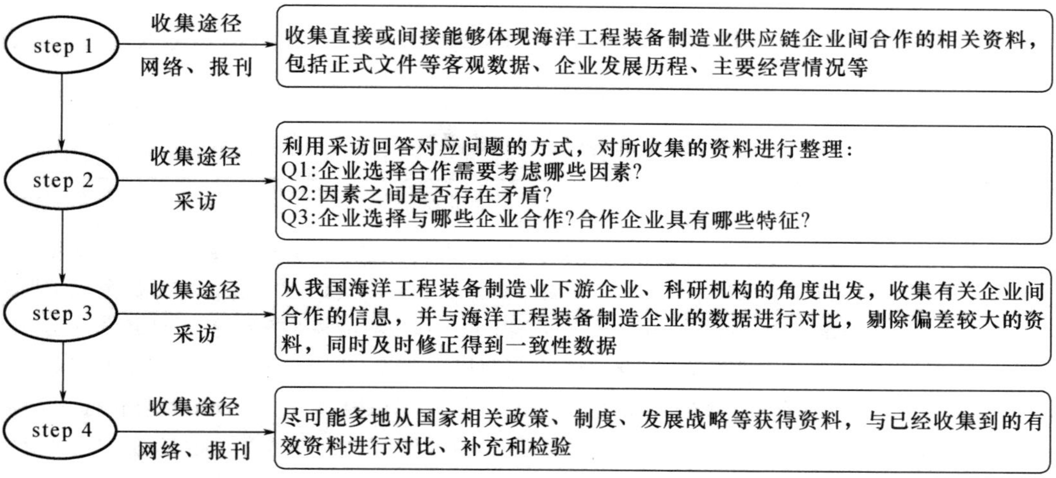

图 4－2　资料收集与整理步骤

相关资料收集与整理历时 12 个月，前期以 6 家海工总装企业以及 18 家总装企业的上下游企业发展为研究背景，整理其成长过程、重大调整等资料，并针对企业网站以及宣传本上的公司简介、规章制度、重要发展策略等共计 2 万字资料进行整理，针对 4 家合作的上下游企业的中高层管理者进行深度访谈,形成访谈备忘录(包括提纲、笔记、总结等共计 6 万字)。

4.1.2 数据分析

从大量的调研以及收集的资料中对概念、范畴及其内在关系进行提炼,能够相对比较全面客观地识别出影响我国海洋工程装备制造业供应链企业间合作关系的影响因素,目前扎根理论应用最多的是程序性扎根理论研究方法。

(1)开放性译码。

开放性译码指对所获取的资料记录逐步进行概念化和范畴化,用概念和范畴来正确反映资料内容,并把资料记录以及抽象出来的概念打破、揉碎进行重新综合的过程。开放性译码的主要目的是指认现象、界定概念、发现范畴,即处理资料聚敛的问题。界定概念是指将不同的原始资料加以概括,建立不同的自由节点并最终统一命名。发现范畴是指聚敛类似概念并为之命名的过程。基于以上相关原始资料本书对资料进行编码并构建模型,同时将原始资料的预留部分作为理论的饱和度检验。通过对原始资料的整理、归类并且借助 NVIVO 10.0 软件对海洋工程装备制造业的访谈资料以及相关的行业新闻动态逐字逐句阅读并进行分析,为了保证理解的正确性,整理得出 316 条原始语句,并从原始语句中抽象出 600 多个节点,合成 100 个概念,范畴是众多概念的重分类与再整合,即范畴是后续的分析焦点。开放性译码见表 4－1 所示。

表 4－1　开放性译码

概念	原始语句
a1 持续性利益目标 a2 合作满意度 a3 安全施工方案 a4 整改通知 a5 解决矛盾 a6 沟通能力 a7 高校合作 a8 研究所合作	现在西方都在追求利益最大化,但是要注意持续的利益,分包商、总承包商为维持利益与持久竞争力,而不是暂时利益。海洋工程装备产品、技术过硬,分包工程质量完成怎么样,是不是安全实施工程。双方都能替对方着想,信息共享不互相隐瞒,为对方提供合理化建议,并编写相关实施以及技术方案。对于好的合作多从中汲取经验,对于不好的合作从中找到失败的原因,为下一步更好地合作打下基础。分包商工作不理想,通过分析原因对分包商工作进行整改。如果双方出现冲突及时友好协商,如果发现问题,先发整改通知,如果不整改就经济处罚,分包商如果出现工作不到位的情况,总承包商直接通知分包商进行整改,并经常进行电子邮件沟通。协调与沟通都很重要,不仅仅是企业之间与供应链之间的协调,还包括企业与研究院、高校科研机构的沟通与协调,如何进行有效沟通是对整个供应链总承包商或者分包商专业沟通能力的考验,沟通能力包括沟通方式以及对专业知识的理解。总承包商的做事风格以及决策能力是影响沟通能力的一个重要因素。供应商最主要的原材料、设备的采购,对于生产进度、产品质量、基础技术等有重要影响,总公司

续表

概念	原始语句
a9 奖惩措施 a10 提升核心竞争力 a11 企业文化 a12 包容精神 a13 经济环境 a14 产业政策 a15 信息管理平台 a16 企业品牌 a17 沟通机制 a18 核心企业 a19 引擎、管理者 a20 配套率 a21 共同发展战略、方针 a22 合作攻克关键技术 a23 各企业高集成 ……	会针对相应的成绩给予一定的奖励。江苏大学与南通中远海运重工装备有限公司针对“SEVAN 650”和“超大型海上风电安装平台”联合设计。企业群等同类产业界为中心,学术界、研究院所为辅助,三者合作构建产业技术战略联盟。理想信念、一个精神推动了我们面对各种困难。挑战种种不可能,专业精神、孜孜以求的精神是每一个海洋人应该具备的精神理想与信念。包容的心态和学习的热情,同时包括对不同价值观的认同,提出“包容创新,海纳百川”。在集成创新和自主创新“两条腿走路”的设计建造过程中,可以看到海洋人对创新理念务实的理解和准确的认识。采取研发费用补助、贷款贴息等方式,培强做大海洋工程装备产业,使之成为拉动技术创新的新引擎。韩国通过多层次国家战略引导和多元化政策扶持等持续加强对造船业的金融和技术研发支持,企业配套能力是产业发展的基础,是社会分工专业、精细化生产的必然产物。关键系统和设备自主配套率;配套企业,专业化制造及系统配套能力;核心设备自主配套。提升企业配套能力,加强深水系统能力建设。认真组织自营勘探,进一步加强对外合作勘探。海洋工程装备及高技术船舶设计、总装建造、设备供应、技术服务产业体系和标准规范体系,船舶制造业、海洋资源勘探、海洋作业服务等诸多海洋战略性新兴产业共同支撑。立足于合作、稳健与差异化。主要装备设计制造能力居世界前列,骨干企业国际知名度不断提升,中国海洋石油集团有限公司是一个成功的掘金者,是我国海洋工程装备制造产业的桥头堡。全面建成数字化、网络化、智能化、绿色化设计制造服务体系。海洋石油是一个跨学科、跨领域、高集成的行业。中国船级社在海洋工程装备制造业技术服务中创建的技术服务产品“海上移动平台结构全生命周期管理系统(MSER)”,为海工移动平台建立了一整套完整、动态、高效的结构评价体系,为平台作业、检修、应急等提供了技术保障以及服务。海洋开发领域与国外同行合作,与国内外多家机构精诚合作,攻克难关。企业间构建联盟平台,集聚我国海洋工程领域设计研发、总装配套、关键配套、核心用户等供应链企业的协同创新模式。“公司+联盟+基金”的运作模式,注重协同创新,以突破海洋工程装备制造业共建性关键技术为重点目标,以技术创新作为企业间合作突破点,转移扩散并积极推广应用,构建以技术开发、创新带动整个产业技术能力以及竞争力提升。企业合作联盟带动,汇聚行业资源,实现产业链、供应链、价值链、资金链的有机整合。开发市场新需求。核心技术国产化以及国产化率明显提升。调研企业运营情况,人员配备,发展定位,提质增效等详细情况。第一座投入运营的渔业多功能佳益海洋牧场海上平台,多方向配合研发国家课题。我国自主研发、设计、建造的国内首艘海底管道巡检船“海洋石油 791”在广州黄埔文冲船厂交付……

(2)范畴化。

通过上一步的概念化,识别出资料中有价值的现象,并贴上标签,提炼出大量的概念,将相似的概念聚拢在一起,即范畴化的过程。提炼 34 个范畴,所提炼的范畴类别及构成范畴的概念见表 4-2。

表4－2　范畴及构成范畴的概念类别

范畴类别	构成范畴的概念
A1 目标一致性	a1 持续性利益目标；a10 提升核心竞争力；a25 短期目标；a35 长期目标；a85 共同发展战略、方针
A2 合作	a2 合作满意度；a8 研究所合作；a12 包容精神；a20 配套率；a87 一体化产业链合作
A3 协调	a6 沟通能力；a17 沟通机制；a23 各企业高集成；a40 召开例会；a41 合理化建议
A4 矛盾冲突解决	a4 整改通知；a5 解决矛盾；a39 质量反馈与整改；a42 主动控制；a52 对抗性行为；a78 认清并解决问题
A5 信息交流	a3 安全施工方案；a22 合作攻克关键技术；a81 技术交流
A6 激励	a9 奖惩措施；a62 个人、团队绩效
A7 企业声誉	a16 企业品牌；a28 合同兑现率；a47 资金能力；a48 企业资质；a60 人才培养
A8 经济环境	a27 市场竞争；a51 国际市场变化
A9 战略、政策	a14 产业政策；a44 政策变动；a46 法律制度；a110 科学规划
A10 信息共享方式	a15 信息管理平台；a82 团队构建；a111 经验信息交流研讨会
A11 核心企业	a18 核心企业； a19 引擎、管理者；a72 央企；a75 榜样的力量
A12 承诺	a24 预期收益；a46 项目经验；a54 合作满意度
A13 风险共担	a77 风险合理分担机制
A14 信息共享程度	a30 信息完全共享；a31 信息共享内容
A15 惩罚	a32 违约；a33 质量事故；a58 利益分配不合理
A16 利益分配	a34 合理合同拟定；a53 利益变动；a56 分担方式
A17 资源互补性	a38 能力依赖；a66 关键资源，配套设施；a68 相互依赖
A18 自然环境	a49 自然环境
A19 市场需求变化	a50 业主需求变化；a55 用户满意度
A20 信息共享交流及时性	a57 信息共享交流平台构建；a86 信息系统开放
A21 企业预期收益	a63 技术水平提高；a64 产品质量改进； a108 成本控制长效机制； a109 速度规模
A22 机会主义	a59 机会主义；a65 牛鞭效应； a84 权力下放
A23 研发能力	a7 设计、建造、安装第一座投入运营的渔业多功能海洋牧场海上平台；a71 核心技术；a76 突破勘探技术开发；a89 核心设备的设计建设能力
A24 研发保证	A88 中欧互动研发格局，搭建技术研发平台；a90 以平台造平台；a91 全面整合集中资源
A25 企业规模	a19 企业规模提升；a61 主营业务收入；a92 调研产业业绩
A26 市场占有率	a83 国产化率上升；a37 满足市场新需求

续表

范畴类别	构成范畴的概念
A27 专利、课题	a11 高端海洋渔业装备,多方向配合研发国家课题;a26 第七代超深水钻井平台重大专项;a36 专家认证;a74 安全专利5项
A28 设备	a93 交钥匙工程能力;a94 生产制造车间;a95 生产自动化
A29 里程碑	a96 蓝鲸一号;a97 最大最深的油气平台;a98 AP119V 技术认证企业中石化应用;a100 "深潜平台世界第三";a101 Baileg Sentinel 成功支付;a102 希望6号
A30 行业知名企业	a82 中集,国家名片;a103 冠军产品
A31 售后服务	a13 经济环境;a82 紧急预案;a67 精准维修;a104 水下检查
A32 地理位置	a105 沿海;a106 节省物流成本
A33 企业文化	a73 工作精神;a29 技能大赛
A34 彼此认知度	a21 共同发展战略、方针;a69 思想共识,价值追求

(3)主轴译码。

主轴译码是在范畴的性质和维度的基础上更好地发展范畴。本书通过研究开放性译码得到不同范畴的相关性,并进一步归纳,整合形成更为概念化的主范畴。鉴于目前我国海洋工程装备制造业技术创新开发以及企业间合作关系的分析,将34个范畴归纳为7个次范畴,编码结果见表4-3。

表4-3 主轴译码

次范畴	对应范畴	次范畴描述	主范畴
企业运营及技术能力	A23 研发能力	企业运营与技术能力是企业发展状况的硬指标,企业运营反映企业发展的基础,技术能力是企业发展的潜力。二者是供应链企业决定合作的最先考虑的因素	海洋工程装备制造业供应链企业间合作伙伴选择的前置因素
	A24 研发保证		
	A25 企业规模		
	A26 市场占有率		
	A27 专利、课题		
	A28 设备		
企业声誉	A7 企业声誉	从社会认知来看,企业声誉除能够提供直接的经验外,企业声誉越强,对方越觉得信赖。核心企业是节点企业间合作中重要的决策者,核心企业的引擎作用对供应链整体发展具有重要的作用。同时核心企业的预期收益(包括技术创新和合作收益等)是企业合作的重要检证机制	海洋工程装备制造业供应链企业间合作伙伴选择的前置因素
	A11 核心企业		
	A29 里程碑		
	A30 行业知名企业		
	A31 售后服务		

续表

次范畴	对应范畴	次范畴描述	主范畴
企业合作意愿	A17 资源互补性 A32 地理位置 A33 企业文化 A34 彼此认知度	企业间合作意愿是我国海洋工程装备制造业从心理学和社会学角度将企业间合作意愿界定为社会个体之间为达到共同目标而进行协调活动的一种促进既有利于自己又有利于他人的结果出现的亲社会行为的程度。在此基础上发展起来的合作创新意愿,指企业主动与其他企业进行合作创新的偏好和意愿。企业在表达与其他企业存在合作偏好时,合作意愿的程度衡量合作偏好的大小	海洋工程装备制造业供应链企业间合作伙伴选择的前置因素
企业间信任	A1 目标一致性 A2 合作 A4 矛盾冲突解决 A12 承诺	节点企业间实现彼此承诺是加强信任的有效途径,目标一致性是指供应链节点企业的战略目标与整体目标一致,进而将各个组织结合起来,建立共同方向和价值观,当供应链上节点企业之间目标与期望不一致时,冲突是不可避免的,而如果冲突解决不当会挫败合作的热情,引发节点企业之间不信任感,相反,有效的冲突解决能够增加企业之间的信任程度。如果企业之间紧密合作并保持愉快,相互依赖程度能够帮助节点企业之间信任度加深	海洋工程装备制造业供应链企业间合作关系维持发展的行为因素
企业间沟通协作	A3 协调 A5 信息交流 A6 激励 A13 风险共担 A10 信息共享方式 A14 信息共享程度 A20 信息共享交流及时性	沟通协作是供应链节点企业间信息交流、经验共享,通过有效的信息交流与风险共担机制,可以加快企业间信息的传递速度同时避免对信息的误解。信息共享包括企业采取何种方式获取信息,以及共享信息的数量、内容、层次和时效性等,多维度建立供应链企业间合作关系共享机制。风险共担机制指企业共同承担合作风险、研发风险、管理权力下放等,降低合作风险的同时,提高合作效率以及合作亲密度	
机会主义	A15 惩罚 A16 利益分配 A21 企业预期收益 A22 机会主义	利益分配指企业合作时利益分配时采取的方式,节点企业间利益分配方式正确对企业间合作机制建立具有重要的意义,奖励与惩罚是对海洋工程装备制造业供应商采取公平的奖惩措施	海洋工程装备制造业供应链企业间合作关系维持发展的行为因素

续表

次范畴	对应范畴	次范畴描述	主范畴
外部环境	A8 经济环境	自然环境、经济环境、市场竞争、政府产业政策以及发展战略都会造成供应链外部环境的变化，在企业生产产品以及技术研发过程中，用户的需求变化，可能引起产品研发、生产工艺等的变化，因此供应链最终用户的需求变化也属于供应链外部环境因素之一	海洋工程装备制造业供应链企业间合作的外部因素
	A9 战略、政策		
	A18 自然环境		
	A19 市场需求变化		

(4)选择性译码。

选择性译码是系统化地将核心范畴和其他范畴用逻辑关系进行联系，把尚未开发完备的范畴完备化，该过程的主要任务是识别出能够统领其他范畴的核心范畴。用开发故事线的方法、典型关系法和继续开发范畴法简明扼要地阐述这些范畴之间的关系。本书运用典型关系结构确定三个核心范畴——供应链企业间合作伙伴的选择、供应链企业间合作行为、外部环境。在此基础上描述核心范畴的故事线，海洋工程装备制造业供应链企业间合作行为决定企业间合作关系的发展，并利用供应链核心企业绩效检验合作关系质量，其中有一些不可控的外部因素是企业发展的重要影响因素，见表 4－4。

表 4－4　核心范畴的典型关系

核心范畴	核心范畴描述
供应链企业间合作伙伴的选择——海洋工程装备制造业供应链企业间合作关系影响因素	海洋工程装备制造业企业自身的技术能力与企业运营现状是海洋工程装备制造业供应链企业间选择合作伙伴的重要必要条件和首要考虑因素，而企业社会认可度以及企业合作意愿是企业间合作关系得以最终确定的充分必要条件
供应链企业间合作行为——海洋工程装备制造业供应链企业间合作关系影响因素	供应链企业间的信任与沟通协作、机会主义是供应链企业间合作的重要行为，是影响我国海洋工程装备制造业企业间合作关系维持与发展的重要手段
外部环境——海洋工程装备制造业供应链企业间合作关系影响因素	外部环境主要是指产业面临的政策环境、市场环境等，其中政府引导以及金融机构的支持是海洋工程装备制造企业技术创新的基础保障，市场需求的不断变化对海洋工程装备制造业技术创新有重要的导向作用

(5)理论饱和度检验。

饱和度指如果不能得到进一步发展某一范畴特征的数据，就可以停止收集数据，即理论趋于饱和。为了保证研究的信度,本书对上述结论进行理论饱和度校验。本书对预留的1/3原始材料进行开放性译码、主轴译码以及选择性译码,检验过程中没有发现频繁的新概念与范畴,因此上述理论模型饱和。

4.1.3 影响因素确定及模型阐释

本书通过开放性译码、主轴译码、选择性译码以及典范关系结构的分析研究,确定海洋工程装备制造业供应链企业间合作关系这一核心范畴,并在此基础上构建我国海洋工程装备制造业企业间合作关系影响因素模型。如图4-3所示,研究表明影响因素分别是:企业运营及技术能力、企业声誉、企业合作意愿、企业间信任、企业间沟通协作、机会主义与外部环境7个主要因素。

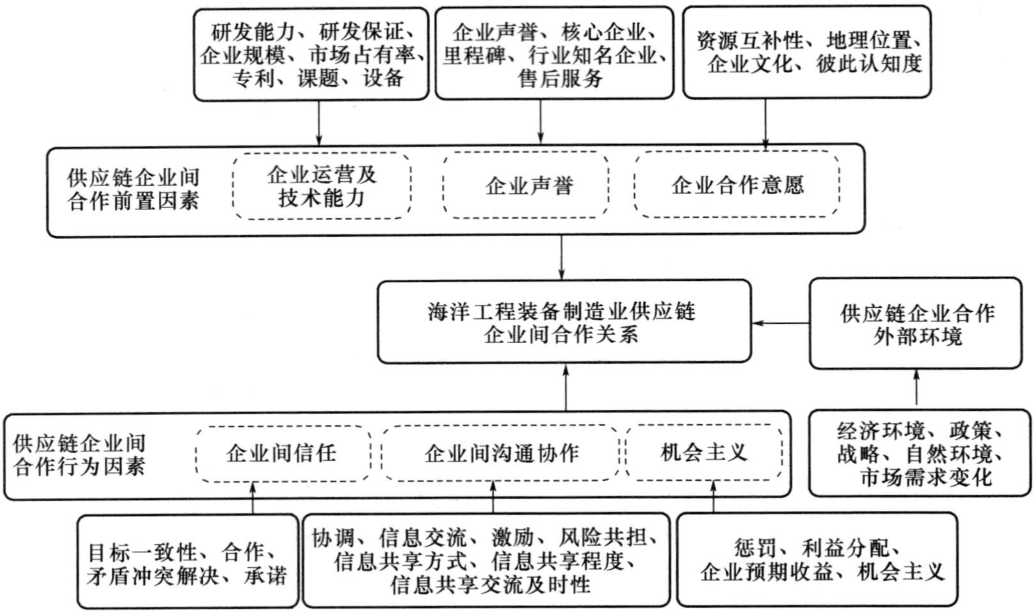

图4-3 我国海洋工程装备制造业供应链企业间合作关系影响因素模型

(1)企业运营及技术能力。

企业运营能力是企业日常经营活动中企业自身能力的综合性体现,尤其是高技术企业的运营目标与其他企业的运营目标一致时,企业会表现出友好的合作意愿,企业的运营能力反映了企业管理合作中运营合作的时效性、管理能力、产品能力,以及市场反应力。运营成本的高低反映了企业的运营能力。企业的运营管理贯穿了企业生产制造与合作的全过程。企业从外界获取先进的技术与信息,并结合内部的知识创造出新的技术与信息,实现技术创新与扩散,同时又使技术知识得到储备与积累。由于这种技术知识包含大量的隐性知识，而且存在于组织过程中，因此技术能力只能通过学习获得，是一个长期累积的过程，这种学习累积的有效性取决于接受方的先备技术知识与努力强度。从这个意义上说，与安同良提出的企业技术能力概念是一致的，他认为企业技术能力是企业在持续的技术变革过程中，选择、获得、消化吸收、改进和创造技术并使之与其他资源相整合，从而产生产品和服务的累积性学习。也就是说，企业技术能力是企业信息等资源的获取能力，技术人员的整合能力，技术人员的储备能力和组织协调能力的集合。从科技的角度来说，企业技术能力是企业以资金能力支撑，为支持技术创新战略实现，以产品创新能力和工艺创新能力为主体并由此决定的系统整合功能，技术创新总是在特定的经济环境、要素背景、文化背景和组织结构中发生，不同的经济环境等要素决定了不同的企业的技术创新能力，是供应链企业选择合作伙伴的首要因素。

(2)企业声誉。

企业声誉是指企业由于行为方式和准则得到社会的高度认同或确信，从而在经济市场中取得较高的社会地位和较大的支持，并能够以此获得所需的资源和机会或者能够抵御各种未来不确定因素的能力，在供应链节点企业合作中，企业声誉指公司内、外部行为主体，包括原材料供应商、制造商、装备企业、政府、研究机构、媒体以及最终用户对企业的综合性评价。这种评价是建立在企业社会网络中信息的传递与互动的基础上的。企业声誉是持续竞争优势的重要来源，也是对企业市场经营活动的综合性评价，其价值性源于信息的不对称性。具有正面声誉的企业能够被合作方给予更多的信任，更容易获得与其他企业进行紧密合作的机会，反之亦然。企业声誉可以作为企业间的约束与激励机制，并可以合理降低成本。同时，从企业自身来看，企业声誉的激励作用在声誉价值本身具有的长期性、复杂性的特点，远远高于企业短期利益。良好的企业声誉有助于企业巩固和促进与供应链节点企业间的交易关系的构建与维持。

(3)企业合作意愿。

合作意愿是指成员企业加入合作组织后，成员是否愿意与组织内成员协调合作，是否愿意采取对组织发展有利的一系列活动，企业的行为是否能够给成员企业带来利益以及达到预期合作目标。竞争需求、效率需求、信息需求以及学习需求都是企业为了从根本上达成生存目标的外在表现，而企业的技术、研发以及市场进入需求则是根据企业战略意图而进行的分类，这是其拓展生存空间的方式，对于我国海洋工程装备制造供应链企业来说，技术提升及其发展生存空间是拓展其合作的本质需求。因此，明确企业的合作意愿有利于企业间达成有效的合作体系，为双方减少研发的风险、降低机会主义的成本，获取准确的合作信息是企业间建立高效合作战略联盟的重要前提。

（4）企业间信任。

企业间信任是指供应链的节点企业包括供应商、制造商、顾客、中介等组织在协同合作过程中，相信合作伙伴有能力遵守规则、兑现承诺并坚信对方不会为获取更多个人利益而出现叛离的行为。企业间信任是企业维持和发展合作的关键及核心因素，便于企业间信息共享、降低交易成本和机会主义，同时增强彼此间合作的稳定性以及应对不确定性外部环境的合作能力。

（5）企业间沟通协作。

供应链节点企业选择合作后，企业间在合作过程中，容易出现利益分配不均、信息流动不顺畅、共享信息不对称等问题，因此，供应链企业间的沟通协调机制是建立在资源、技术、经营战略等信息共享基础上，将供应链上下游企业联合在一起，运用科学合理的方法构建实现企业间信息技术等的共享、知识吸收与转移、解决企业间矛盾冲突、合理降低研发风险等的运行机制，旨在维持供应链企业间的合作与保证企业获得合同规定中的预期收益和提升整体竞争力。

（6）机会主义。

机会主义是指供应链节点企业在面对合作中信息不对称性传递时为达到企业自身收益最大化而采取欺骗、隐瞒或扭曲等狡诈性手段，导致合作伙伴利益受损的一种投机性行为。这些主范畴以及主范畴对应的各个子范畴，都不同程度地影响我国海洋工程装备制造业企业间的合作关系，并且主范畴之间相互联系、相互影响，若其中一个因素不平衡或缺失都会引发企业间合作关系的下移，最终导致企业间合作绩效下降，影响整个供应链的竞争能力。因此，只有对影响海洋工程装备制造业企业间合作关系的因素一一识别，才能更好地实现企业技术创新、维持企业核心竞争力的发展。供应链企业运营及技术能力是企业选择合作伙伴的必要条件，企业声誉、企业合作意愿是企业合作伙伴关系最终得以构建的充分必要条件，这三个因素是我国海洋工程装备制造业供应链企业间合作伙伴选择的前置因素。供应链企业间信任与企业间沟通协作是企业间合作行为能够继续稳定维持并向着好的方向发展的必要条件，机会主义是企业间合作中不可避免的负向因素，也是企业间选择继续或终止合作的关键因素。因此企业间信任、沟通协作与机会主义是我国海洋工程装备制造业企业合作的内置驱动力。

（7）外部环境。

供应链企业间合作的外部环境具有典型的不确定性，其不确定性导致企业间合作关系的外部环境变化是必须时刻考虑并予以把握的重要环节。

4.2　海洋工程装备制造业供应链企业间合作影响因素实证分析

本书通过质性研究方法质性识别了海洋工程装备制造业供应链企业间合作关系的七个层面的影响因素，具体包括企业运营及技术能力、企业声誉、企业合作意愿、企业间信任、企业间沟通协作、机会主义、外部环境。在质性研究结果基础上，为了增强质性研究结果的有效性、可操作性和可行性，利用 DEMATEL 通过图论与矩阵工具，构建能够反映各因素间逻辑关系的直接影响矩阵，可以改进对特定相互关联的问题群和复杂簇问题的理解，实现对各个因素相互影响程度的排序与因果量化分析。但 DEMATEL 方法很难解决复杂供应链企业间合作关系的影响因素相互关系之间的现实问题，同时专家主观性判断过程可能会影响最终结果的可信度。因此，本书进一步使用GRNN - DEMATEL 实证分析方法，实证分析海洋工程装备制造业供应链企业间合作关系的影响因素。

4.2.1　实证分析数据选取

4.2.1.1　广义回归神经网络

广义回归神经网络（Generalized Regression Neural Network，GRNN）是由美国学者 Donald F. Specht 于 1991 年提出的，是一种径向基神经网络，适于解决非线性问题，具有很强的非线性映射能力以及高度的鲁棒性、柔性和容错性。与径向基函数（RBF）和误差反向传播（BP）神经网络比较，GRNN 在学习速度以及处理不稳定数据上表现出的逼近能力具有很强的优势，尤其是相应样本较少的情况下也能达到很好的预测效果。GRNN 结构由四层组成，包括输入层（INPUT LAYER）、模式层（ PATTERN LAYER）、求和层（SUMMATION LAYER）、输出层（OUTPUT LAYER）。

其中，网络输入为 $\boldsymbol{X}=[x_1,x_2,\cdots,x_n]^{\mathrm{T}}$，网络输出为 $Y=[\boldsymbol{y}_1,y_2,\cdots,y_n]^{\mathrm{T}}$。

输入层（INPUT LAYER）各个神经元经过简单的分布后，将其作为输入变量传输给模式层，其中，输入向量的维数 = 神经元的数量。

神经元的数量设定为模式层（PATTERN LAYER）。

在模式层，神经元传递函数设定为

$$L_i=\exp\left[-\frac{(\boldsymbol{X}-\boldsymbol{X}_i)^{\mathrm{T}}(\boldsymbol{X}-\boldsymbol{X}_i)}{2\sigma^2}\right],\quad i=1,2,3,\cdots,n \tag{4-1}$$

其中，n 为学习样本的数量，用来表示神经元的数量；i 为神经元；$\boldsymbol{X}$ 为网络输入变量；$\boldsymbol{X}_i$ 为第 i 个神经元对应的学习样本；σ 为光滑因子；L 为输入变量与其对应样本之间的欧拉距离函数。

$$D^2 = \| X - X_i \| = \| \boldsymbol{X} - \boldsymbol{X}_i \|^2 \tag{4-2}$$

求和层(SUMMATION LAYER)是对模式层的两类神经元的输出进行求和,同时传递函数为径向基函数。

第一类为

$$\sum_{i=1}^{n} \exp\left[-\frac{(\boldsymbol{X} - \boldsymbol{X}_i)^{\mathrm{T}}(\boldsymbol{X} - \boldsymbol{X}_i)}{2\sigma^2} \right] \tag{4-3}$$

它对所有模式层神经元的输出进行算术求和,其中,模式层与各神经元连接权值为 1,传递函数为

$$S_{\mathrm{D}} = \sum_{i=1}^{n} L_i \tag{4-4}$$

第二类为

$$\sum_{i=1}^{n} Y_i \exp\left[-\frac{(\boldsymbol{X} - \boldsymbol{X}_i)^{\mathrm{T}}(\boldsymbol{X} - \boldsymbol{X}_i)}{2\sigma^2} \right] \tag{4-5}$$

求和层是对所有模式层神经元的输出进行加权求和,即,模式层中第 i 个神经元与求和层的第 i 个分子求和,神经元之间的连接权值为第 i 个输出样本 Y_i 中的第 j 个元素,传递函数为

$$S_{N_j} \sum_{i=1}^{n} Y_{ij} L_i, \quad j = 1,2,\cdots,k \tag{4-6}$$

输出层(OUTPUT LAYER)。y_j 指各神经元与求和层的输出相除,为线性函数,即

$$y_j = \frac{S_{N_j}}{S_D}, \quad j = 1,2,\cdots,k \tag{4-7}$$

其中,j 表示输出层的神经元数,且,k = 学习样本输出向量的维数。

本书利用 GRNN 中目标输出和输入值求得权值 w,并以此衡量各指标影响目标输出的程度,得出各个影响因素对最终结果的影响程度。

4.2.1.2　GRNN – DEMATEL 模型

GRNN – DEMATEL 算法保留了传统 DEMATEL 方法中求得“$D-R$”与“$D+R$” 两组值的大小,并利用“$D-R$”指标大小区分因素组中的结果组与原因组。利用“$D+R$”数值大小来判断各指标的重要性。具体步骤如下:

(1)将第 t 个研究对象的目标指标值作为 GRNN 的目标输出向量,得到权值向量:

$$w = (w_{tj}) = S^* P \tag{4-8}$$

其中，w_{tj}为第 t 个研究对象第 j 个影响因素对目标指标的权值，$t=1,2,\cdots,m$。

(2)求第 j 个影响因素对目标指标的影响程度的平均值 w_j^*：

$$w_j^* = \frac{1}{m}\sum_{t=1}^{m}|w_{tj}| \qquad (4-9)$$

其中，m 为研究对象的总数；$|w_{tj}|$是 w_{tj}的绝对值。

(3)计算各影响因素指标的直接关联矩阵：

$$\boldsymbol{B} = (b_{ij})_{n\times n} = \begin{pmatrix} b_{11} & b_{12} & \cdots & b_{1n} \\ b_{21} & b_{22} & \cdots & b_{2n} \\ \vdots & \vdots & & \vdots \\ b_{n1} & b_{n2} & \cdots & b_{nn} \end{pmatrix} \qquad (4-10)$$

其中，$b_{ij}=0(i=j)$，则 b_{ij}为第 i 个影响因素指标相对于第 j 个影响因素指标的重要性。

(4)归一化直接关联矩阵：

$$\boldsymbol{X} = (x_{ij})_{n\times n} = \frac{1}{\max\limits_{1\leqslant i\leqslant n}\sum_{j=1}^{n} b_{ij}}\cdot \boldsymbol{B} \qquad (4-11)$$

(5)计算全关联矩阵：

$$\boldsymbol{T} = \boldsymbol{X}(\boldsymbol{I}-\boldsymbol{X})-1 \qquad (4-12)$$

其中，$(\boldsymbol{I}-\boldsymbol{X})-1$ 为 $\boldsymbol{I}-\boldsymbol{X}$ 的逆；$\boldsymbol{I}$ 为单位矩阵。

(6)建立因果关系图。定义 D 为 T 的各行之和，定义 R 为 T 的各列之和。

$$T = (t_{ij})_{n\times n} \qquad (4-13)$$

$$D = (t_{i.})_{n\times 1} = \left(\sum_{j=1}^{n} t_{ij}\right)_{n\times 1} \qquad (4-14)$$

$$R = (t_{.j})_{1\times n} = \left(\sum_{j=1}^{n} t_{ij}\right)_{1\times n} \qquad (4-15)$$

将 D_i+R_i 定义为指标 i 的突出度，其越大，证明此指标的重要性越大。将 D_i-R_i 定义为指标 i 的关联度，可以用来区分原因组和结果组，如果指标 i 的 D_i-R_i 大于 0，则此指标属于原因组；如果指标 i 的 D_i-R_i 小于 0，则此指标属于结果组。在众多影响因素中，结果组中的影响因素是原因组中影响因素的影响结果。

4.2.1.3 数据选取

前文中已经通过质性研究方法质性识别了海洋工程装备制造业供应链企业间合作关系的 7 个层面的影响因素，具体包括企业运营及技术能力、企业声誉、企业合作意愿、企业间信任、企业间沟通协作、机会主义、外部环境。在质性研究结果基础上，为了增强质性研究结果的有效性、可操作性和可行性，本书进一步使用 GRNN－DEMATEL 实证分析方法，实证分析海洋工程装备制造业供应链企业间合作关系的影响因素。本书采纳李克特七级量表制制作调查问卷，通过实地现场发放调查问卷和实地现场访谈的方式收集实证分析数据，邀请海洋工程装备制造企业的中高层管理人员 120 人分别就企业运营及技术能力、企业声誉、企业合作意愿、企业间信任、企业间沟通协作、机会主义、外部环境对海洋工程装备制造业供应链企业间合作关系的影响程度进行打分，最终收集 120 个研究样本，形成 120 个研究对象。被调查企业在新技术开发数量、新项目数量、专利数量、新技术研发投入与产出、科技成果转化率、科研成果产出率、技术研发成本和风险、新产品产值、企业利润率、企业供应链管理、企业间合作、企业生产运作与管理、企业成立年限、企业资产总额、企业盈利能力、企业声誉、企业市场占有率等方面均具有一定的典型性和代表性，被调查企业均位于我国中东部地区，被调查企业均为大中型企业，均为海洋工程装备制造业供应链核心企业，均具有大量的亲密合作伙伴。企业经营年限和成立年限均为 15 年以上，绝大多数企业为国有及国有控股企业，绝大多数企业通过了质量认证。被调查的中高层管理人员具有丰富的工作经验，工作年限均为 20 年以上，均熟悉供应链、企业间合作、企业生产运营与管理等相关理论知识和实践知识，均为大学本科以上学历，被调查者年龄均在 40 岁以上。

4.2.2 实证分析结果

在收集研究对象样本数据的基础上本书利用 MATLAB 编程软件，得到基于 GRNN－DEMATEL方法的海洋工程装备制造业供应链企业间合作关系的影响因素的实证分析结果，详见表 4－5。

表 4－5 基于 GRNN－DEMATEL 方法的影响因素实证分析结果

影响因素	$D+R$ 数值	$D-R$ 数值
企业运营及技术能力	1.014 5	1.008 6
企业声誉	0.394 2	－0.359 6
企业合作意愿	0.355 8	－0.338 7
企业间信任	0.162 9	－0.141 1
企业间沟通协作	0.150 2	－0.104 9
机会主义	0.142 8	－0.097 5
外部环境	0.106 6	0.009 8

由表 4－5 的实证分析结果可知：①依据 $D+R$ 数值，7 个影响因素对应的 $D+R$ 数值均

大于零，企业运营及技术能力、企业声誉、企业合作意愿、企业间信任、企业间沟通协作、机会主义、外部环境均是海洋工程装备制造业供应链企业间合作关系的影响因素，其中企业运营及技术能力是影响海洋工程装备制造业供应链企业间合作关系的最重要、最关键的因素，按照对海洋工程装备制造业供应链企业间合作关系的影响程度和影响的重要性由大到小排序，影响因素依次为企业运营及技术能力、企业声誉、企业合作意愿、企业间信任、企业间沟通协作、机会主义、外部环境。②依据 $D-R$ 数值，企业运营及技术能力和外部环境的 $D-R$ 数值大于0，其他影响因素对应的 $D-R$ 数值小于0，进一步表明，在影响海洋工程装备制造业供应链企业间合作关系的7个影响因素中，原因型影响因素为企业运营及技术能力和外部环境，其余5个影响因素为结果型影响因素，其余5个结果型影响因素是企业运营及技术能力和外部环2个原因型影响因素的影响结果。为了更好地形成和促进海洋工程装备制造业供应链企业间合作关系，应重点以2个原因型影响因素——企业运营及技术能力和外部环境为切入点和根本出发点。

4.3　本章小结

综上所述，本书利用扎根理论与 GRNN－DEMATEL 研究方法，实证分析海洋工程装备制造业供应链企业间合作关系的影响因素。供应链企业运营与技术能力是企业选择合作伙伴的必要条件，企业声誉、企业合作意愿是企业合作伙伴关系最终得以构建的充分必要条件，这3个因素是我国海洋工程装备制造业供应链企业间合作伙伴选择的前置因素。企业间信任与企业间沟通协作是企业间合作行为能够稳定维持并向着好的方向发展的必要条件，机会主义是企业间合作中不可避免的负向因素，也是企业间选择继续或终止合作的关键因素。因此企业间信任、企业间沟通协作与机会主义是我国海洋工程装备制造业企业联盟合作的内置驱动力。供应链企业间合作的外部环境具有典型的不确定性，其不确定性导致企业间合作关系的外部环境变化是必须时刻考虑并予以把握的重要环节。同时，原因型影响因素，即企业的运营能力及技术能力，外部环境；结果型影响因素，即企业声誉、企业合作意愿、企业间信任、企业间沟通协调、机会主义。原因型影响因素是企业间合作研究的重要基础，是企业间能够形成合作的基石，结果型影响因素对于企业间能够协调发展具有导向性作用。

第5章 海洋工程装备制造业供应链企业间合作伙伴选择研究

合作伙伴是供应链企业间开展合作的“执行人”,其执行人(即合作伙伴)的选择是海洋工程装备制造业供应链企业间开展合作的首要环节,也是供应链企业间高效、持续合作的重要前提,在一定程度上影响海洋工程装备制造业供应链企业间的合作绩效。

5.1 海洋工程装备制造业供应链企业间合作伙伴选择方法

企业间合作伙伴的选择已经成为专家学者的研究热点,科学合理地选择供应链合作伙伴是提升供应链节点企业技术创新能力、知识吸收能力,促进供应链节点企业合作关系持续快速发展的重要保证。

刘克寅等基于合作伙伴间异质性资源互补匹配的研究,提出企业合作伙伴的选择评价方法。Mohr 等认为,企业选择合作伙伴的重要因素包括企业间关系状况、企业间彼此沟通的默契度、企业内部职能之间的协调度等。Bierly 提出,企业间信任能够消除合作中彼此在战略合作目标上的分歧,提高协同能力。Carboni 等提出企业的物理距离与心理距离是企业间评判和选择合作伙伴的潜在评价因素。国内的学者从多角度分析,将创新资源投入能力、研发能力、生产能力、营销能力和组织运营能力等作为企业间合作伙伴选择的重要指标。雷纶源构建基于合作伙伴的信誉、资源能力、技术状况、管理水平及企业兼容度的供应链企业合作创新伙伴选择模型。程巧莲等从合作伙伴特征、合作关系特征及合作潜力方面(评价指标包括技术创新、营运、声誉、合作经验、人际信任、资产专用、合作动机、战略相似性、承诺、沟通、冲突解决机制等)构建了关于合作创新伙伴信任评价指标体系。在影响因素的基础上,有学者研究不同企业的特征基础,结合相关的企业合作伙伴选择的评价理论决策与方法,同时针对理论研究进行实证分析验证其理论的可操作性与有效性,提出相应的改善合作伙伴关系管理的相关建议。Sheu 等构建模糊环境下的加权和评估合作伙伴的选择模型,并通过实证分析验证其有效性、实用性。曹霞认为,利用动态直觉模糊加权几何算子和相对熵理论,结合产学研合作伙伴的有限理性和偏好特征,以构建合作伙伴不同时间段的决策矩阵和偏好矩阵为准则,实现“群体偏好 - 多时段 - 群体决策”的综合评价。基于集成供应链的研究视角，李佰洲引入时间与前景理论，运用领域理论构建了集成供应链合作伙伴的动态选择模型，并验证其理论现实意义。根据医药企业合作过程中不同阶段的特点，邵明辉运用 SVM – TOPSIS 决策选择方法，构建“筛选、评估、优化”的评价模型，为企业合作创新伙伴选择研究提供新的理论支持。黄梦醒在将企业伙伴选择问题转化为不完全和不确定信息下的分类识别问题的基础上，应用多分类器融合规则建立供应链合作伙伴选择的决策模型和方法，验证了该方法在供应链合作伙伴选择和动态选择中的可行性、有效性和优越性。张敬文认为合作伙伴选择是企业技术联盟高效运作的基础，同时运用 PLS – SEM 的研究方法，构建战略性新兴产业技术创新联盟合作伙伴选择模型，研究促进了战略性新兴产业创新绩效的提高，确保联盟的稳定性和有效性。此外，部分学者提出了 RBF 神经网络、模糊层次分析、遗传算法、组合法、两阶段法等合作创新伙伴选择决策方法。

综合以上研究，第一，模糊综合评价法、层次分析法是以专家的判断为基础给出的唯一确定分数，存在一定的主观性。同时由于企业间物理距离、企业选择性固定偏好等，供应链企业偏好选择关系强度较大的合作伙伴，而忽略了企业本身的硬性评价指标。因此，需要引入相关的相对客观的评价指标，如企业运营及技术能力。第二，复合型组合评价方法由于相对较少及收敛性误差的问题，尚未形成一个系统的规范性的评价体系，同时当多属性群决策法在候选合作伙伴数量巨大、指标多时，可能造成可操作性差、筛选效率低等问题。第三，很多文献以资源、能力指标的强弱为主要评价依据，认为能力指标与选择合作伙伴倾向成正比，但实证研究强调双方的互补性、协调性，因此欠缺对合作伙伴选择的综合性考虑，大多忽略创新合作伙伴初选阶段数据量大等问题。

供应链企业间合作创新伙伴的选择具有多属性、复杂性、多元化等特点，同时由于对装备制造业供应链企业合作创新伙伴的研究较少，大多只考虑了选择合作伙伴本身，缺乏合作伙伴选择的合理性、匹配性以及从伙伴选择主体的角度出发的研究。因此，本书将微粒群算法与改进的 TOPSIS 方法相结合，构建基于联系度的改进 TOPSIS 法对装备制造业供应链企业间合作创新伙伴选择模型。具体评价步骤如图 5 – 1 所示。

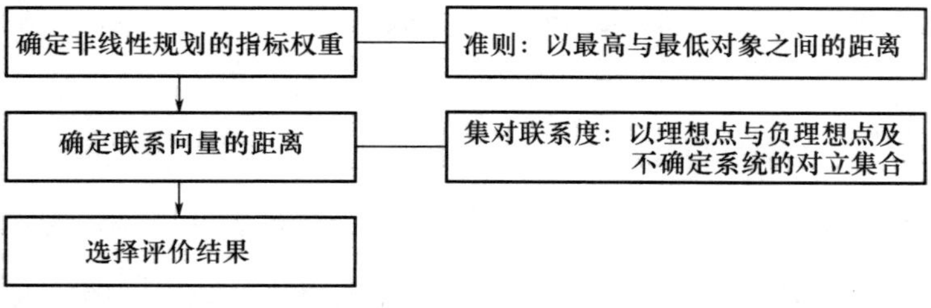

图 5 – 1　PSO – TOPSIS 改进的供应链企业间合作创新伙伴选择模型

5.2 海洋工程装备制造业供应链企业间合作伙伴选择的评价指标

5.2.1 企业运营及技术能力

企业运营能力是企业日常经营活动中自身能力的综合性体现,企业运营管理能力贯穿企业生产制造与合作的全过程。企业的运营能力反映企业管理合作中运营合作的时效性、管理性、产品性、技术性以及市场反映性。运营成本的高低反映企业的运营持久性以及发展潜力,尤其当高技术企业的运营目标与其他企业的运营目标一致时,企业会展现出友好的合作意愿。企业运营是企业选择合作伙伴的重要影响因素,其表达形式、评价方法以及关联要素也因其研究主体、研究目的、背景等产生巨大的差异,一个企业的实力主要是通过其运营能力来体现的,同时这项能力也是选取合作伙伴必须考虑的指标。

技术能力对企业整体而言是一个综合性概述,研究表明企业的技术能力表现为企业对先进技术知识的累积性学习能力。生延超基于技术创新方式的研究,指出技术能力是企业从外界获取先进的技术与信息,再将所拥有的内外部信息相互融合形成前所未有的产物,实现新技术创新与扩散,同时提升企业知识的储备与积累能力。安同良认为企业技术能力是企业在持续的技术变革过程中,选择、获得、消化、吸收、改进和创造技术并使之与其他资源相整合,从而创造出新产品技术和新服务的累积性学习过程。王毅基于中国智能企业制造业核心技术能力提出技术能力是企业拥有或主导的独特技术知识网络,是企业利用信息技术重新配置知识资源形成的满足用户个性化需求的制造能力的技术内核,同时企业技术能力具有独特性、综合性、可扩展性、价值性。李晓宇基于企业动态技术创新研究,提出企业技术能力是企业可持续高效发展的核心能力集合,包括企业技术人员的应用能力,技术人员的储备能力和创新能力,同时技术能力形成的过程具有长期累积性、创造性以及路径依赖性等特征。综合以上观点,本书认为海洋工程装备制造业供应链企业技术能力指供应链节点企业为提高自身技术的获取、吸收、整合、应用知识与整合进行创新再造的能力。同时企业技术能力也是企业合作伙伴选择的重要指标。

5.2.2 企业声誉

企业声誉是相对于市场中的同类企业而言,基于企业过去的经营行为、业绩、口碑以及对市场前景的感知度、认可度,这种认知度包括实体认知与情感认同两个方面。Dunbar 在研究德国企业的绩效与企业声誉之间的关系中提出,企业声誉是企业在经营过程中,其他企业或社会群体对于该企业认同的相关要素。国内学者借鉴西方社会学、经济学对声誉的研究，缪荣，茅宁认为企业声誉是所有的利益相关者对该企业的认知评价汇总，并不代表个别企业的认知，是企业经营发展的过程中，因企业的生产经营行为与企业遵守的行为准则而取得的社会认可度与社会地位等。卢志刚提出企业声誉是企业从利益相关者收获的社会公众的认可与被赞美的程度，并提出企业声誉由企业知名度、企业美誉度组成。张哲基于 Formbrun 和 Rindova 关于企业声誉的定义提出，企业声誉是利益相关者参照一定的行业标准，对该企业一段时间内的经营行为和结果的一种评定，反映企业为其利益相关者提供有价值的产出能力以及相关利益者对该企业的评价，是企业间关系质量的直接反映。企业声誉是企业整体的、长期形成的一种无形性资产，体现为企业社会行为、商业行为的凝结，反映企业间利益相关者根据彼此掌握的相关信息对企业做出的综合性评价以及企业在相关市场的总体地位。基于以上研究，本书认为供应链节点企业在社会网络中相关信息传递、互动、吸收、运用的基础上，企业声誉表现为包括供应链节点企业中原材料供应商、制造商、总装企业、政府、科研机构以及最终用户的对其的综合性评定，评定结果具有公众性、公平性以及传播性。

企业声誉是持续竞争优势的重要来源，是企业的客户群体以口碑流传构建的无形资产，良好的企业声誉可能会提高企业盈利能力，增加企业收入，是企业经营业绩的判断指标之一。Seybert 基于供应链节点企业研发投入研究，提出节点企业声誉的价值高于企业的执行力，企业声誉越好，企业美誉度越高，诚信度越好，进而节点企业合作过程中满意度越高，因此企业声誉是供应链节点企业间合作伙伴选择的重要评价指标。

5.2.3　企业间合作意愿

尼尔・瑞克曼提出企业间合作意愿是企业间合作关系构建的不可或缺因素之一，是合作关系构建的导航系统，能够生动地描述合作的目标以及实现目标所需采取的行动。不同类型、不同方式的合作是由不同的合作意愿产生的，同时能够正确指引企业发展的方向。Still、Huhatam 认为，在企业选择合作创新时，其竞争需求、企业效率需求以及资源需求是企业合作中的主要驱动力。Hagedocm 将创新生态系统中企业协同发展的合作意愿归纳为市场进入需求、技术学习需求、研发需求以及企业发展战略需求。因此，供应链企业间合作意愿指企业基于技术提升和竞争优势提升的本质需求，供应链企业间选择合作并资源共享，包括相关管理、信息以及技术有关的资源等，满足提升企业自身竞争优势的同时提升供应链的整体竞争力的意愿。

党兴华基于企业加入创新网络的动机研究提出，企业参与合作的意愿主要来源于竞争需求、效率需求、信息需求以及学习需求。王发明提出中小企业提升企业核心技术、扩大企业规模、提高企业市场份额的主要途径是企业间合作，基于此，产生企业间合作意愿。林梅在产学研的协同研究成果转化的基础上，将合作意愿定义为：协调创新企业主体在主动提供相关资源与技术的基础上，与企业、高校、研究院共同开展协同创新的意愿。张慧提出合作意愿是指成员企业加入合作组织后，成员是否愿意与组织内成员协调合作，是否愿意采取对组织发展有利的一系列活动，企业的行为是否能够给成员企业带来利益以及达到预期合作目标。综上所述，企业间合作意愿有利于企业间达成有效的合作体系，为双方减少研发不确定性的风险、降低机会主义的成本，进而获取准确的合作信息，对企业间建立高效的合作战略联盟具有重要的理论价值与实践价值，是供应链企业间合作伙伴选择的重要指标。

5.3　基于 PSO – TOPSIS 改进法的海洋工程装备制造业供应链企业间合作伙伴选择模型

全局性、随机性和群智能的 PSO 算法不仅具有操作简单、控制参数少的优点，而且具有启发式、多样性、全局优化和鲁棒性等优点。本书运用 PSO 算法确定相关指标的权重，基于 TOPSIS 法考察备选方案与正理想点和负理想点的联系度，构建基于联系度的供应链企业间合作伙伴选择的评价选择模型。

5.3.1　指标的确定

供应链企业间合作伙伴的选择是一个复杂而系统的过程，需要科学严谨的评价方法，同时，还需要构建一个定量因素与定性因素相结合的评价指标体系。在参考相关企业间合作伙伴评价文献的基础上，基于供应链企业间合作关系构建的影响因素确定构建以下指标体系。企业间合作伙伴选择的评价模型的三个层次依次衔接，其中模型构建的指标中一部分利用统计数据直接换算，一部分采用调查问卷的形式间接打分量化，具体评价指标及具体描述详见表 5 – 1。

表 5 – 1　供应链企业间合作伙伴具体评价指标

指标		描述	衡量标准
企业运营及技术能力	技术投入	R&D 经费支出 X_1	R&D 经费支出 = 研发费用/企业销售收入 × 100%
		研发人员比率 X_2	研发人员比率 = 企业从事研发的技术人员数量/企业员工总数 × 100%

续表

指标		描述	衡量标准
企业运营及技术能力	技术投入	技术研发率 X_3	技术研发率＝每年新产品的研发系列/产品的全部系列×100%
		领域授权专利数 X_4	领域授权专利数＝专利批准数量/专利申请数量×100%
	盈利能力	销售净利率 X_5	销售净利率＝净利润总额/销售收入×100%
		总资产利润率 X_6	总资产利润率＝净利润总额/平均资产总额×100%
	市场能力	顾客满意度 X_7	该指标通过调查问卷的形式采用李克特量表打分。（5—非常满意，4—满意，3——一般，2—不满意，1—极不满意）
		企业营销能力高低 X_8	市场营销能力高低表现为市场营销网络的建设水平和新产品推广速度以及市场占有率，综合这三个方面由专家评分给出该企业营销能力的高低
企业声誉	政府对海洋工程装备的重视程度 X_9		国家对海洋工程装备制造业制定的相关政策多少以及支持度
	社会声誉 X_{10}		一般为在企业排名中是否为上榜企业，是为 1，否为 0
	联盟声誉 X_{11}		指企业是否有过参与联盟合作的历史以及成功率（5—非常满意，4—满意，3——一般，2—不满意，1—极不满意）
企业间合作意愿	企业兼容性 X_{12}		一般用企业间地理位置来衡量，即企业间物理距离的就近原则，二者间物理距离近为 1；二者间物理距离远为 0
	技术融合度 X_{13}		一般用企业交流座谈会次数表示
	企业战略目标 X_{14}		指企业发展战略目标是否具有一致性，一致为 1，不一致为 0

企业实力是在选择合作伙伴时非常重要的参考依据，对于企业做出决策具有决定性的作用，主要包括技术投入、盈利能力和市场能力。企业声誉是供应链企业间构建合作伙伴关系的约束性条件，主要包括政府对海洋工程装备的重视程度、社会声誉和联盟声誉。企业间合作意愿是合作关系构建的导航系统，是企业间能够构建合作关系的基础，主要包括：企业兼容性、技术融合度和企业战略目标。

5.3.2　方法分析

微粒群算法（*PSO*）是由 *J. Kennedy* 与 *C. Eberhart* 开发的一种演化技术，来源于一个简化的人工生命及演化计算理论模型。*PSO* 算法具有可操作性、全局优化和鲁棒性等优点，能够解决整数规划、非线性规划、多目标选择、目标评价等问题。本书通过计算与最优和最劣对象之间的距离之和最小的标准，建立关于权重的非线性规划问题，基于数学规划模型，运用微粒群算法求解评价指标的权重。

假设：备选企业数量 m 个，评价指标 n 个，形成 m × n 阶的矩阵，运用 *PSO* 算法的权重指标：

(1)标准化和中心化处理，建立判断矩阵。

在原始数据的基础上，为了防止量纲和尺度不同对结果造成的影响，采取多种数据标准化和中心化处理方法对原始数据进行标准化处理和中心化处理，并对多种数据标准化和中心化处理方法得到的原始数据标准化和中心化处理后的结果进行均值化处理。在均值化处理的基础上，建立判断矩阵 $\boldsymbol{R}$。

$$\boldsymbol{R} = \begin{pmatrix} \boldsymbol{Z}_{11} & \boldsymbol{Z}_{21} & \cdots & \boldsymbol{Z}_{m1} \\ \vdots & \vdots & & \vdots \\ \boldsymbol{a}_{1n} & \boldsymbol{a}_{2n} & \cdots & \boldsymbol{a}_{mn} \end{pmatrix} \tag{5 - 1}$$

$\boldsymbol{R}$ 各列表示 m 个企业 n 个具体指标的标准化值。

(2)确定指标权重。

首先将指标数据客观赋权，准则为最优和最劣对象距离之和的最小值。

假设：$\boldsymbol{G} = [1,1,\cdots, 1]^{\mathrm{T}}$为最优对象。$\boldsymbol{H} = [0,0,\cdots,1]^{\mathrm{T}}$为最劣对象。

目标函数为

$$\min f(\omega) = \sum_{j=1}^{n} f_i(\omega) = \sum_{j=1}^{n} \sum_{i=1}^{m} \tag{5 - 2}$$

$$\omega_j^2 = \frac{(1 - \boldsymbol{R}_{ij})^2 + \boldsymbol{R}_{ij}^2}{mn} \tag{5 - 3}$$

其中，m 为企业个数；n 为指标个数。

将“优化函数”转化为“适应度函数”：

$$F(\omega) = A(\sum_{j=1}^{n} \omega_j - 1)^2 + B\sum_{j=1}^{n} \sum_{i=1}^{m} \tag{5 - 4}$$

其中，$\omega_j^2 = [\frac{(1 - \boldsymbol{R}_{ij})^2 + \boldsymbol{R}_{ij}^2}{mn}]$；A、B 为惩罚因子，随矩阵 $\boldsymbol{R}$ 变化。

最后，权重计算的步骤如下：

步骤 1：求解第 i 个体初始值。

$$\omega_i(0) = [\omega_i(0)] = [\omega_{i1}(0), \omega_{i2}(0), \cdots, \omega_{im}(0)] \tag{5 - 5}$$

其中，N 为微粒群规模，$i = 1,2,\cdots,N$；$j = 1,2,\cdots,n$；n 为个体的维数。

步骤 2：求解惯性权值 ω 的变化规律。

$$\omega = \omega_{max} - \frac{\omega_{max} - \omega_{min}}{k_{max}} \times k_{min} \qquad (5-6)$$

其中，ω_{max}为惯性初始权重；ω_{min}为惯性最终权重；k_{max}为 PSO 最大迭代次数；k_{min}为 PSO 最小迭代次数。$\omega_{max}=1.4$，$\omega_{min}=0.8$，$k_{max}=1\ 000$。

步骤 3：设置加速常数 $C_1=1.8$，$C_2=1.8$。

步骤 4：求解个体历史最优 P_{id}和全局最优历史最优 P_g。

$$P_g = \{\omega_t \mid F(\omega_t) = \min F(\omega_t),\quad i = 1,2,\cdots,N\} \qquad (5-7)$$

步骤 5：迭代计算。

$$V_{ij}(k+1) = \omega v_{ij}(k) + c_1.\ \text{rand}_1.\ [p_{id} - \omega_{ij}(k)] + c_2.\ \text{rand}_1.\ [p_g - \omega_{ij}(k)]$$

$$\omega_{ij}(k+1) = \omega_{ij}(k) + V_{ij}(k+1) \qquad (5-8)$$

在每次迭代运算结束后，利用适应度函数评价微粒的适应值。选择最优适应值，为

$$P_g = \begin{cases} P_g, & F(p_g) < \min F(p_{id}),\quad i = 1,2,\cdots,N \\ (p_{id} \mid F(p_{id})) = \min F(p_{id}), & F(p_g) > \min F(p_{id}),\quad i = 1,2,\cdots,N \end{cases}$$

$$(5-9)$$

步骤 6：若迭代次数达到最大值 2 000 次，$\sum_{ij}\omega_{ij} = 1$，则适应值变化误差在允许范围内，输出计算结果。否则，转到步骤 5 重新计算。

5.3.3 基于联系度的改进 TOPSIS 法的综合评价

5.3.3.1 联系度与集对分析

在确定与不确定系统的彼此联系、影响和制约的条件下，集对分析目的在于将不确定性的辩证认识转换成具体数字运算。

设集合：

$\boldsymbol{A}_0$ 和 $\boldsymbol{B}_1$ 对应项对比，其中，s 为数量上差值小，p 为数量上差值悬殊，$f=n-s-p$ 指数量上存在一定差值。

由 $\boldsymbol{A}_0$、$\boldsymbol{B}_1$ 组成的集对关系就转化为同、异、反的关系。集合 $\boldsymbol{A}_0$、$\boldsymbol{B}_1$ 之间的不确定的定量关系的联系度表示为

$$\boldsymbol{A}_0 = \{x_{01}, x_{02}, \cdots, x_{0n}\},\quad \boldsymbol{B}_1 = \{x_{11}, x_{12}, \cdots, x_{1n}\}$$

由 $\boldsymbol{A}_0$ 和 $\boldsymbol{B}_1$ 组成集对 $\boldsymbol{H} = (\boldsymbol{A}_0, \boldsymbol{B}_1)$。

$$\mu(\boldsymbol{A}_0 - \boldsymbol{B}_1) = a + b_i + c_j = \frac{S}{N} + \frac{F}{N}i + \frac{P}{N}j \qquad (5-10)$$

其中，$a+b+c=1$；i 为差异标记符号/相应系数，$i\in[-1,1]$；j 为对立标记符号/相应系数，$j=-1$。

5.3.3.2 基于联系度改进的 TOPSIS 法的综合评价模型

假设：$m=p_1,p_2,\cdots,p_m$；$n=x_1,x_2,\cdots,x_n$。

x_{ij}为方案 P_i 在指标 x_j 下的指标值($i=1,2,\cdots,m$; $j=1,2,\cdots,n$)；

其中，ω_j 为指标 x_j 的权重，$\omega_j\in[0,1]$，$\sum_{i=1}^{n}\omega_j=1$。

综上所述，基于联系度改进的 TOPSIS 评价法，计算步骤如下所示：

步骤 1：由 $X=(x_{ij})_{m\times n}$与 ω_j 组成初始化决策矩阵。

步骤 2：确定正理想点 S^+ 与负理想点 S^-。

$$S^+=\{s_j^+\mid j=1,2,\cdots,n\} \tag{5-11}$$

$$S^-=\{s_j^-\mid j=1,2,\cdots,n\} \tag{5-12}$$

当 x_j 为效益型指标时，有 $s_j^+=\max\limits_{1\leqslant j\leqslant m}\{x_{ij}\}$，$s_j^-=\min\limits_{1\leqslant j\leqslant m}\{x_{ij}\}$；

当 x_j 为成本型指标时，有 $s_j^+=\min\limits_{1\leqslant j\leqslant m}\{x_{ij}\}$，$s_j^-=\max\limits_{1\leqslant j\leqslant m}\{x_{ij}\}$；

根据集对分析思想，正理想点 S^+ 与负理想点 S^- 互为对立关系。

步骤 3：计算方案 P_k 与理想点 S^+ 的联系度 μ_k^+。

由计算方案 P_k 与理想点 S^+组成集对 $H^+=(P_k,S^+)$，则有：

$$\mu_k^+=a_k^++b_k^+i+c_k^+j=\omega_1\mu_{k1}^++\omega_2\mu_{k2}^++\cdots+\omega_n\mu_{kn}^+=\sum_{t=1}^{n}\omega_n\mu_{kt}^+ \tag{5-13}$$

$$\mu_{k1}^+=a_{k1}^++b_{k1}^+i+c_{k1}^+j,\quad k=1,2,\cdots,m;t=1,2,\cdots,n$$

其中

$$x_{kt}=s_t^-,a_{kt}^+=b_{kt}^+=0,c_{kt}^+=1$$

$$x_{kt}\in(s_t^-,s_t^+),a_{kt}^+=\frac{x_{kt}}{s_t^+},b_{kt}^+=1-a_{kt}^+,c_{kt}^+=0$$

步骤 4：计算方案 P_k 与正理想点 S^+的联系度 μ_k^-。

由计算方案 P_k 与负理想点 S^-组成集对 $\boldsymbol{H}^-=(P_k,S^-)$，则有：

$$\mu_k^-=a_k^-+b_k^-i+c_k^-j=\omega_1\mu_{k2}^-+\omega_2\mu_{k2}^-+\ldots+\omega_n\mu_{kn}^-=\sum_{t=1}^{n}\omega_t\mu_{kt}^- \tag{5-14}$$

$$\mu_k^-=a_k^-+b_k^-i+c_k^-j,\quad k=1,2,\cdots,m;t=1,2,\cdots,n$$

其中

$$x_{kt}=s_t^+,a_{kt}^-=b_{kt}^-=0,c_{kt}^-=1$$

$$x_{kt} \in (s_t^-, s_t^+], s_t^- \neq 0, \Rightarrow a_{kt}^- = \frac{s_t^-}{x_{kt}}, b_{kt}^- = 1 - a_{kt}^-, c_{kt}^- = 0$$

特别的,当

$$s_t^- = 0, x_{kt} = 0$$

规定

$$a_{kt}^- = 1, c_{kt}^- = b_{kt}^- = 0$$

当

$$s_t^- = 0, x_{kt} \neq 0$$

规定

$$a_{kt}^- = \frac{s_t^- - x_{kt}}{s_t^+} = 1, c_{kt}^- = 0, b_{kt}^- = 1 - a_{kt}^-$$

步骤 5:计算联系向量距离(方案 P_k 与正理想点 S^+)。

正理想点 S^+ 的联系向量为 $\bar{\boldsymbol{\mu}}^+ = (1,0,0)$,方案 P_k 相应的联系向量为 $\bar{\boldsymbol{\mu}}^+ = (a_k^+, b_k^+, c_k^+)$,则 P_k 与 S^+ 的联系向量距离为

$$d_k^+ = \sqrt{(1 + a_k^+)^2 + (b_k^+)^2 + (c_k^+)^2} \tag{5-15}$$

步骤 6:计算联系向量距离(方案 P_k 与负理想点 S^-)。

负理想点 S^- 的联系向量为 $\bar{\boldsymbol{\mu}}^- = (1,0,0)$,方案 P_k 相应的联系向量为 $\bar{\boldsymbol{\mu}}^- = (a_k^-, b_k^-, c_k^-)$,则 P_k 与 S^- 的联系向量距离为

$$d_k^- = \sqrt{(1 + a_k^-)^2 + (b_k^-)^2 + (c_k^-)^2}$$

由步骤 1—6 可知,与正理想点的联系向量距离更近的方案,则与负理想点的联系向量距离更远。

步骤 7:计算 P_k 与 S^+ 的相对贴近度。

$$C_k = \frac{d_k^-}{d_k^- + d_k^+}, \quad k = 1,2,\cdots,m \tag{5-16}$$

C_k 越大,方案 P_k 越接近于理想点,则各方案可根据 C_k 大小进行优劣排序。

5.4 实证分析

海洋工程装备制造企业 W 集团是一家以海洋工程装备生产经营为主要产业的大型国有及国有控股企业,其为总装企业并积极开展供应链合作并实施供应链管理。技术创新能力是海洋工程装备制造业企业发展的核心环节,海洋工程企业在开发新技术或完成新项目

时，往往由于技术研发成本大、风险高、难度大等原因，无法独立完成，因此，企业需要寻求恰当的供应链企业作为合作伙伴，进而组成供应链企业合作关系，共享资源、共担风险、共同研发。基于此，本书首先通过定性指标筛选与评估，初步选择 10 家企业作为技术合作伙伴的备选企业，备选企业在新技术开发数量、新项目数量、专利数量、新技术研发投入与产出、科技成果转化率、科研成果产出率、技术研发成本和风险、新产品产值、企业利润率、企业供应链管理、企业间合作、企业生产运作与管理、企业成立年限、企业资产总额、企业盈利能力、企业声誉、企业市场占有率等方面均具有一定的典型性和代表性，10 家企业均位于我国东部地区，通过实地访谈、实地调研和实地发放调查问卷等方式邀请企业的中高层管理人员对相关评价指标进行赋值和综合打分。10 家企业均为大型企业，均为海洋工程装备制造业供应链节点企业，均为研究对象企业的亲密合作伙伴。企业经营年限和成立年限均为 15 年以上，绝大多数企业为国有及国有控股企业，绝大多数企业通过了质量认证。被调查的中高层管理人员具有丰富的工作经验，工作年限均为 20 年以上，均熟悉供应链、企业间合作、企业生产运营与管理等相关理论知识和实践知识，均为大学本科以上学历，被调查年龄均在 40 岁以上。企业各指标的原始数据见表 5－2（其中，指标值是通过 10 家企业中高层管理人员评分法赋值，采用李克特七级分量表制，1—7 分依次表示非常不同意—非常同意）。

5.4.1 指标权重的确定

以 10 家企业为实证分析对象，海洋工程装备制造业供应链企业间合作伙伴选择评价指标体系中，评价指标的相关数据详见表 5－2。在原始数据的基础上，为了防止量纲和尺度不同对结果造成的影响，采取多种数据标准化和中心化处理方法对原始数据进行标准化处理和中心化处理，并对用多种数据标准化和中心化处理方法得到的原始数据进行均值化处理。

在均值化处理的基础上，建立判断矩阵 $\boldsymbol{R}$。设定微粒子群规模为 200，微粒子群的惯性初始权重为 1.4，微粒子群的惯性最终权重为 0.8，微粒子群算法的迭代次数为 1 000，微粒子群迭代数达到的最大值为 2 000，速度最大值为 1，速度最小值为 －1，个体极值最大值为 1，个体极值最小值为 0，加速度常数均为 1.8，根据最优和最劣对象距离之和达到最小为目标，利用惩罚函数法将优化函数转化为适应度函数，惩罚因子 $A = B = 5\ 000$，调用程序函数 maxgen、bestfitness、bestindex、fitnesszbest、zbest、pop、rand、fitness、gbest、ceil、fitnessgbest 等，进一步使用 MATLAB 根据基本粒子群优化算法的步骤 1—9，确定各指标的权重，结果见表 5－3。

表 5-2　供应链企业合作创新伙伴选择评价指标的原始数据

企业	X_1	X_2	X_3	X_4	X_5	X_6	X_7	X_8	X_9	X_{10}	X_{11}	X_{12}	X_{13}	X_{14}
1	7	6	6	6	5	6	5	6	3	5	5	5	5	3
2	4	5	6	7	5	5	5	5	4	5	4	5	4	4
3	3	5	7	4	6	5	5	7	4	5	4	5	4	4
4	5	7	3	5	6	5	6	4	5	6	5	6	5	5
5	6	3	4	5	4	4	6	3	2	6	4	6	7	5
6	5	5	4	5	7	6	4	5	2	4	5	5	5	7
7	4	4	4	4	6	7	4	4	4	3	6	7	3	6
8	3	4	3	3	5	3	4	4	3	4	7	4	2	5
9	4	3	6	4	4	4	4	4	7	3	6	4	2	3
10	4	4	4	4	4	5	4	3	5	7	6	2	4	3

表 5-3　供应链企业合作创新伙伴选择评价指标的权重

指标	X_1	X_2	X_3	X_4	X_5	X_6	X_7	X_8	X_9	X_{10}	X_{11}	X_{12}	X_{13}	X_{14}
权重	0.14	0.12	0.11	0.09	0.05	0.05	0.08	0.07	0.04	0.04	0.04	0.05	0.06	0.06

5.4.2　综合评价

步骤 1:在原始数据的基础上,为了防止量纲和尺度不同对结果造成的影响,采取多种数据标准化和中心化处理方法对原始数据进行标准化处理和中心化处理,并对用多种数据标准化和中心化处理方法得到的原始数据进行均值化处理。在均值化处理的基础上,计算出评价指标权重,构建初始化决策矩阵。

步骤 2:确定正理想点 S^+ 与负理想点 S^-。企业合作创新伙伴选择的评价指标均为效益型指标,根据以上公式求得 S^+ 和 S^-,其中前者是每个评价指标经标准化和中心化处理后的最大值构成的集合,后者是每个评价指标经标准化和中心化处理后的最小值构成的集合。

步骤 3:根据前文公式,分别计算出各备选企业与正理想点 S^+、负理想点 S^- 的联系度 μ^+、μ^-,计算联系向量距离(方案 P_k 与正理想点 S^+)和联系向量距离(方案 P_k 与负理想点 S^-),结果详见表 5-4 和表 5-5。

表 5-4　备选企业与理想点 S^+、负理想点 S^- 的联系度

备选企业	μ^+, μ^-
企业 A	$u^+ = 0.7719 + 0.2281i + 0j$ $u^- = 0.5192 + 0.2208i + 0.26j$
企业 B	$u^+ = 0.6457 + 0.1743i + 0.22j$ $u^- = 0.5837 + 0.2863i + 0.13j$
企业 C	$u^+ = 0.6743 + 0.1257i + 0.2j$ $u^- = 0.5205 + 0.2495i + 0.23j$
企业 D	$u^+ = 0.55 + 0.29i + 0.23j$ $u^- = 0.6747 + 0.2553i + 0.07j$
企业 E	$u^+ = 0.6024 + 0.2176i + 0.18j$ $u^- = 0.5997 + 0.2103i + 0.09j$
企业 F	$u^+ = 0.5905 + 0.2595i + 0.15j$ $u^- = 0.7287 + 0.2713i + 0j$
企业 G	$u^+ = 0.6371 + 0.2129i + 0.15j$ $u^- = 0.6878 + 0.3122i + 0j$
企业 H	$u^+ = 0.6157 + 0.2543i + 0.13j$ $u^- = 0.658 + 0.342i + 0j$
企业 I	$u^+ = 0.669 + 0.2313i + 0.1j$ $u^- = 0.6172 + 0.2623i + 0j$
企业 J	$u^+ = 0.7214 + 0.1886i + 0.14j$ $u^- = 0.516 + 0.234i + 0.25j$

表 5-5　基于联系向量距离的各备选企业与理想点的相对贴近度

	A	B	C	D	E	F	G	H	I	J
d_k^+	0.3226	0.452	0.4023	0.5827	0.4877	0.5075	0.4467	0.4788	0.416	0.3644
d_k^-	0.5895	0.5217	0.5874	0.4194	0.461	0.3837	0.4415	0.4837	0.464	0.5929
C_k	0.6463	0.5358	0.5935	0.4185	0.486	0.4305	0.4971	0.5025	0.5273	0.6193
排名	1	4	3	10	8	9	7	6	5	2

通过以上分析，第一，本书的评价结果按 C_k 由大至小得到备选企业由优到劣的排序为：A、J、C、B、I、H、G、E、F、D。按照贴进度排序，W 集团应该选择企业 A 作为合作创新伙伴。与 W 集团实际情况相符，数据表明本书提出的基于微粒群算法定权的改进 TOPSIS 法对于供应链企业合作伙伴选择设计的候选企业数量以及评价属性多、企业间合作评价判断不确

定的特点，该方法直观简洁，且有较强的操作性。第二，将 PSO 算法引入供应链企业间合作伙伴选择评价指标中，以最优和最劣对象距离之和最小为准则，建立关于权重的非线性规划问题，运用微粒群算法来求解各个指标的权重。这种方法通过记忆与反馈机制，对解决问题具有快速且较好的全局性。且这种权重求解方法具有严密的逻辑性，避免供应链企业间合作伙伴选择的评价指标过强的主观性，使确定的权重指标更具有客观实际可操作性。相对其他算法，微粒群算法具有独特优势，通过记忆与反馈机制，对解决大规模数字优化问题具有快速计算以及全局化寻优能力。相比遗传算法其收敛速度更快，局部搜索能力强，不容易陷入评价误区。第三，传统的 TOPSIS 综合评价模型在计算正负理想距离时，计算所得的两个差值不具有很大的区分性，这对最优方案的选择产生了深刻的影响。基于分析联系度建立改进的 TOPSIS 模型克服了传统 TOPSIS 模型的不足之处，不仅体现了系统分析思想，又能全面反馈方案的优缺点，同时操作简单。

5.5　本章小结

本章主要研究海洋工程装备制造业供应链企业间合作伙伴的评价选择。主要评价指标包括供应链企业的运营及技术能力、企业声誉、企业合作意愿。将微粒算法和改进的 TOPSIS 方法相结合，提出基于供应链企业间合作关系构建三因素的选择决策方法——基于微粒群算法。通过以最优和最劣对象距离之间最小为标准，构建关于指标权重的非线性规划问题，运用数学模型与微粒算法求解相关三个因素的指标权重，同时将正理想点与负理想点视为相互确定的对立集合以克服传统 TOPSIS 方法的不足，在考察备选方案与正理想点、负理想点的联系度，充分考虑对立集合的存在的基础上，构建供应链企业间合作伙伴选择综合评价模型。

第 6 章　海洋工程装备制造业供应链企业间合作绩效研究

正确评价和选择合作伙伴是我国海洋工程装备制造业供应链企业间合作的重要前提，合作行为与合作绩效的作用关系是衡量海洋工程装备制造业供应链企业间合作的重要指标。

6.1　海洋工程装备制造业供应链企业间合作绩效概念模型及理论假设

6.1.1　概念模型的构建

(1)机会主义行为的概念。

基于交易成本理论,机会主义主要表现为供应链合作企业间充满风险且可能违反彼此协定的交易关系。Williamson 认为机会主义指在合作交易中为满足自身利益最大化而不惜牺牲其他企业利益而采取的欺骗、扭曲事实等手段的行为。Williamson、James 基于以上研究认为违反契约是机会主义行为。Hawkins、Das 认为,在市场经济条件下,机会主义行为指企业或组织为维护或增加自身利益,潜意识地采取隐蔽手段达到自身目的的行为。Yang 等基于渠道关系的研究指出,机会主义行为表现为双方在既定合同条款条件下,企业扭曲信息、逃避责任或拒绝履行合同及义务的行为。

赵昌平等在研究企业战略联盟中机会主义及其防御策略中,提出企业机会主义行为指合作企业获取利益是通过一种区别正式或非正式契约所要求的标准来获取自身利益的行为。刘晓峰认为机会主义行为是以牺牲合作企业利益为代价的一种投机性行为。孙彩虹等认为机会主义行为在企业间合作创新中表现为企业为谋取个体利益而采取的隐形的、虚假承诺、欺骗或威胁等手段的投机行为。叶飞从机会主义行为的违法角度出发,将其理解为合作企业为获取超额利润,不择手段地钻合同漏洞、不履行合同义务等违法行为,从而使合作的其他企业利益受损。周海军、杨忠将机会主义行为定义为供应链节点企业采用损害对方利益的手段来谋取利益的行为,同时指出机会主义发生的原因之一是契约的不完全性。韩静静以供应链为研究背景,将机会主义行为定义为供应链合作企业中的一方以契约的不完全性、联盟成员间信息不对称性为客观条件,采取不合理加价、隐瞒或扭曲信息等自私性行为,满足自身利益最大化的同时致使合作伙伴利益受损。

供应链节点企业的机会主义行为在合作关系建立初期非常常见,机会主义作为不正当手段几乎是企业合作初期彼此有限交易中的理性常态选择。海洋工程装备制造业供应链在生产制造过程中实行订单式生产,主要是指围绕核心总装企业从原材料采购到最终客户的将核心总装企业的上下游企业联合在一起的功能性联盟合作网络结构。结合海洋工程装备制造业供应链的特征,本书将机会主义定义为海洋工程装备制造业供应链节点企业在面对合作中信息不对称性,合作契约的不完全性,节点合作企业为达到企业自身收益最大化而采取欺骗、隐瞒技术、扭曲相关合作信息或不完全履行合作义务等狡诈性手段,进而导致我国海洋工程装备制造业供应链节点合作其他企业利益受损的一种投机性行为。

(2)海洋工程装备制造业供应链企业间机会主义行为的分类。

机会主义行为贯穿于供应链企业合作的全过程,因不同的合作阶段而产生不同的表象形式,学者按机会主义的不同表现形式,将其划分为被动机会主义和主动机会主义。被动机会主义指合作企业故意隐瞒关键信息,逃避或推卸责任。在现有环境下被动机会主义表现为逃避责任、无弹性或拒绝调整,在短期内,采取机会主义行为的企业会获得收益。主动机会主义指企业从事明确或含蓄禁止的行为,主动机会主义行为会增加企业的直接成本。Wathne 等将机会主义划分为故意的机会主义行为与合法的机会主义行为,故意的机会主义行为指企业有意图地隐瞒重要的技术等信息、消极隐藏重要资讯、逃避履行合作义务的行为;合法的机会主义行为指合作企业不遵守合同的规定或契约,理性松绑或投资特定资产的投机性行为。Luo 认为存在强弱两种形式的机会主义行为,在合作中,合作伙伴违反合作协议的行为称为强机会主义行为,合作伙伴违反合作中建立的关系规范的表现称为弱机会主义行为。Yang 提出机会主义行为可以分为客观型机会主义和感知型机会主义,客观型机会主义是指合作伙伴不按企业间合作明确规定的行为预期而采取行动的表现;感知型机会主义指企业间合作伙伴的行为偏离在企业间合作关系中建立起来的行为预期表现。Seggie 提出机会主义行为包括积极机会主义行为和消极机会主义行为。

本书基于以上研究,将海洋工程装备制造业供应链企业间机会主义行为分为积极的机会主义行为和消极的机会主义行为。海洋工程装备制造业供应链企业间积极的机会主义行为指供应链合作企业为追求更多的企业利益而采取的欺骗,扭曲信息,出卖企业间合作信息、技术等,以追求个体利益而导致其他合作企业利益受损或潜在收益受到威胁的行为。海洋工程装备制造业供应链企业间消极的机会主义行为指企业在面临不确定的市场外部环境以及不完全契约合作的模式下,为自身利益不受影响,而采取的合作义务不实施、逃避合作中约定的责任或强制退出合作,或拒绝因外部环境变化为供应链整体利益做出适当调整的行为,进而导致合作终止或其他合作企业利益受损的行为。

(3)海洋工程装备制造业供应链企业间信任。

已有研究表明,信任是一种心理状态,其表达愿意接受处于易受损状态或位置的意愿,是一种交互合作过程中产生的正面期望、信心和态度。Johnson 等认为供应链企业间信任是指供应链节点企业相信其他合作伙伴愿意且有能力完成其相应义务的承诺,表现企业相信其他合作伙伴不会利用自己的弱点而获利。Riddles 等认为供应链企业之间的相互信任是指在交易过程中,即使面临险境,也不会打破道德底线出卖合作伙伴的信息来获取利益。魏旭光等认为企业间信任是为实现企业自身目标对其合作伙伴的正向心理预期。叶飞等提出,供应链企业间信任是指供应链中的制造商、供应商、客户和分销商等之间彼此相信对方愿意承担责任的信心,并表现为合作伙伴均相信任何一方不会利用其他合作伙伴的弱点而获取利益的信念。企业间信任是企业维持和发展合作的核心因素,企业间信息共享、降低交易成本和机会主义,同时增强彼此间合作的稳定性,以及应对不确定性外部环境的合作能力。

基于此,本书认为海洋工程装备制造业供应链企业间信任是指海洋工程装备制造业供应链的节点企业(包括供应商、制造商、科研机构、最终用户)等组织在合作过程中,在言语或书面承诺的基础上,彼此依赖并相信合作伙伴能够遵守合同约定、兑现承诺,同时,坚信对方不会因获取更多个人利益而背叛合作方。

(4)供应链企业间信任的研究维度。

供应链企业间合作信任的研究维度因其影响因素的多样性、研究对象、研究目的等原因,供应链企业间信任的研究维度不同。Barrney 和 Hansen 提出,信任是在交换过程中认为对方不会利用自己的弱点而获利的信心,在不同的交换过程中信任分为三个维度,弱信任、半强信任和强信任。Lewicki 和 Bunker 将信任划分为三个紧密相连的维度,并根据信任的不同层面的性质将其界定为谋算型信任和认同型信任。Zucker 在交易经济学的框架下,将信任划分为过程信任、特质信任和制度信任三个层次。Mcallister 将信任分为认知型信任和情感型信任。潘文安基于 Nyhan 等的研究,将供应链伙伴间信任分为组织间信任与个人信任两个维度。

基于以上研究,本书借鉴和参考国内外关于供应链企业间信任的研究维度划分,结合我国海洋工程装备制造业供应链节点企业的深入访谈,将我国海洋工程装备制造业供应链企业间信任划分为善意信任和能力信任两个维度。海洋工程装备制造业供应链企业间善意信任指企业在合作中在对各自企业声誉高度认同的基础上企业间信息共享程度、共同决策力以及合作紧密性有效增强,并相信在追求利益最大化的同时,对方不会出现因个人利益得失导致的机会主义行为。海洋工程装备制造业供应链企业间能力信任指企业彼此相信对方有能力且能够出色履行协议的任务以及责任,能够高效率、高频率地互利互惠合作。

(5)供应链企业间沟通协调。

供应链企业间合作关系维持的重要手段之一是构建完善的沟通协调机制,企业间有效的沟通协调机制能够帮助企业及时发现并解决合作中出现的突发性事件,主要表现在:一方面可以减少由于机会主义行为导致的交易成本、研发成本、交易风险、合作风险;另一方面企业间合作的沟通协调机制能够有效遏制机会主义行为的发生,合作机制越完善,机会主义发生的概率越低,越有利于企业间的知识转移与信息共享。Nooteboom 在研究中提出,企业间之所以能够展现出良好的组织关系潜在价值,关键在于重要信息能够在企业间共享和转移。

6.1.2 相关理论假设的提出

6.1.2.1 机会主义行为与供应链企业间合作绩效

供应链企业在合作过程中能够持续稳定地发展,主要具有三个前提条件,第一,节点企业间联盟合作;第二,节点企业间合作关系建立并维持一定的时间;第三,合作企业获取综合预期效益(包括经济效益、技术能力、管理能力等)。只有在以上三个前提条件下,企业才可能表现出愿意继续分享更多的资源、信息并投入更多精力以继续维持企业间的合作。

Anderson 提出企业间合作绩效指企业在达成合作目标并获取综合收益的基础上对合作关系的满意度并保持后续合作意愿的程度。Krause 在研究中提出用交货及时率、产品价格及质量度量客户与制造商的合作绩效。张旭梅基于知识转移的角度,指出企业间合作绩效指企业为实现其技术创新、产品升级等目标而采取的与合作企业对接匹配性知识,并将其分为主观绩效与客观绩效。

在海洋工程装备制造业供应链研究背景下,海洋工程装备制造业供应链企业间合作绩效指海洋工程装备制造业供应链节点企业构建合作联盟的深入程度,企业对合作伙伴的满意程度是衡量企业合作程度的指标之一,表现企业是否愿意继续付出更多的精力和资源与其实现合作预期收益。

Mohr 和 Spekman 提出供应链企业间合作绩效能够反映成员企业的合作满意度,并能够促使企业有更多更好的合作表现,但当合作满意度下降并低于目标收益后,成员企业有可能选择退出联盟合作或采取机会主义行为。企业间机会主义行为会导致企业间不信任程度增加,企业间信息等资源流动性以及企业合作效率降低,使企业继续合作过程中的谈判、交易、生产成本增加,产品质量、交付及时率、利润减少,影响企业间合作关系维持,最终导致合作绩效下降。Gavusgil 等基于跨境贸易研究,认为企业机会主义行为的实施程度与企业合作意愿成负线性相关。基于此,本书提出以下假设:

假设 H1:供应链企业间机会主义行为与海洋工程装备制造业供应链企业间合作绩效呈负线性相关。

6.1.2.2 企业间信任与供应链企业间合作绩效

供应链合作中的信任是指供应链某一节点企业在交易中不会利用自己的弱点获利的一种信心。一般来说,在海洋工程装备制造业供应链企业间合作过程中,总装企业对其他节点企业的信任是一种忠诚性信任,即企业能够信守供应链企业间合作契约,不会危害供应链企业间合作的整体利益,不会出现信任背离;其他节点企业对总装企业的信任是一种能力信任,即总装企业有能力在复杂的市场环境下,通过构建与其他节点企业合作模式来获取效益,并得到信息等资源的分享与转移。在供应链企业间合作过程中,企业间信任有助于海洋工程装备制造业供应链企业间合作关系的构建、高效运行和健康发展。

第一,供应链企业间信任能够减少海洋工程装备制造业企业间合作的交易成本。供应链企业间合作关系是一种委托代理关系,由于企业间信息的不对称、契约的不完备性,随着企业间合作的加深,容易在企业间产生逆向选择与败德等问题,而解决这些问题需要加强企业间的激励与监督,而激励与监督的成本会随着合作的深度而增加。供应链企业间信任机制的构建能够在一定程度上减少激励与监督活动进而减少合作中的交易成本。

第二,供应链企业间信任增加海洋工程装备制造业企业间合作亲密度。海洋工程装备制造业企业的技术以及管理具有一定的保密性,企业间信任能够保证企业具有一致的秘密性,企业间共享机密信息等资源同时彼此相互理解,并在此基础上,能够保证企业在彼此利益共享、风险共担的基础上,更好地进行技术以及战略性合作。

第三,供应链企业间信任可提高供应链运营能力和企业间快速响应能力。海洋工程装备制造业企业间合作时间越长,合作双方彼此了解以及信任程度越深,企业选择继续合作的可能性越大。同时企业间信任能够帮助企业在合作过程中更好地面对不确定性外部环境的变化。

Lambert 和 Emmelhainz 等认为相比非透明性化的合作伙伴关系而言,企业间相互信任、公开化、透明性、利益共享和风险共担有利于形成稳定的合作关系、减少企业间机会主义行为,进而提高企业间合作绩效。李随成、Ganesan 在关于信任的研究中,提出善意信任能够促进企业间资源、知识等信息共享,合理降低交易成本、研发成本,遏制企业间机会主义行为发生的概率,是供应链企业间合作关系维持和稳定发展的关键与核心要素。Ellram 提出良好的合作伙伴关系是能够经受时间考验的,能力信任机制能够有效减少企业间信息不对称发生的概率并促进合作伙伴成员间关系的延续和彼此间信息共享与沟通,企业间共同承担风险,避免机会主义等行为发生,维持和发展彼此之间的长期合作,并帮助企业获得契约合作下的预期收益。基于此,本书提出以下假设:

假设 H2a: 供应链企业间善意信任正向调节机会主义行为与海洋工程装备制造业供应链企业间合作绩效之间的负线性关系。

假设 H2b: 供应链企业间能力信任正向调节机会主义行为与海洋工程装备制造业供应链企业间合作绩效之间的负线性关系。

6.1.2.3　沟通协调与供应链企业间合作绩效

本书认为海洋工程装备制造业供应链企业间的沟通协调机制是建立在资源、技术、经营战略等信息共享基础上的,将供应链节点企业的上下游企业联合在一起,运用科学合理的方法能够建立实现企业间信息技术等的共享、知识吸收与转移、解决企业间矛盾冲突、合理降低研发风险等的运行机制,旨在维持供应链企业间的合作与保证企业获得合同规定中的预期收益。本书根据扎根理论认为海洋工程装备制造业供应链企业间沟通协作行为包括信息共享、风险共担两个维度。有效的信息共享是海洋工程装备制造业供应链企业间合作关系构建的重要前提,企业间加深信息共享可以在促进企业合作绩效的同时,降低机会主义发生的概率。风险共担机制的构建,能够有效规避企业间矛盾冲突,帮助供应链企业间形成荣辱共享机制,提升企业合作密切度,减少机会主义行为发生,进而提升供应链企业间合作绩效。

基于此,本书提出以下假设:

假设 H3a: 信息共享的沟通协调机制正向调节机会主义行为与海洋工程装备制造业供应链企业间合作绩效之间的负线性关系。

假设 H3b: 风险共担的沟通协调机制正向调节机会主义行为与海洋工程装备制造业供应链企业间合作绩效之间的负线性关系。

根据上述理论分析和研究假设,海洋工程装备制造业供应链企业间合作机理模型如图 6 - 1 所示。

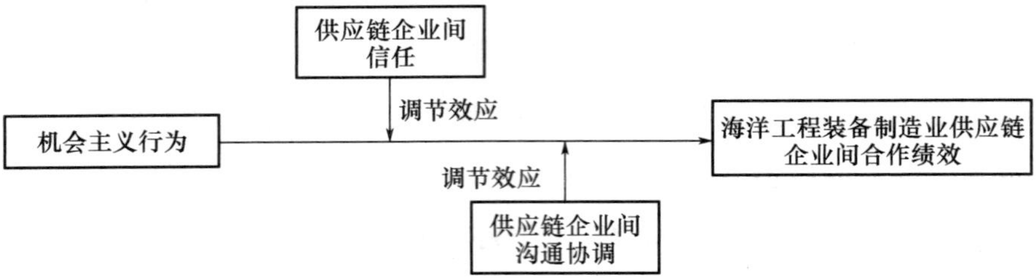

图 6－1　海洋工程装备制造业供应链企业间合作绩效影响机理

6.2　海洋工程装备制造业供应链企业间合作绩效的实证分析

6.2.1　样本描述

本书以我国与海洋工程制造业产业供应链相关的节点企业为研究对象。为保证调查问卷结构设计合理，采用纸版与电子版两种形式发放预调查问卷40份，调查问卷回收后对被调研者反馈回来的问题进行修改与完善。本着自愿参与、信息保密、匿名原则，采用电话、电子邮件、面对面访谈等方式发放与回收问卷，答卷者是海洋工程装备制造业供应链节点企业中能够熟悉掌握企业运行的整体状况的人。被调查企业在新技术开发数量、新项目数量、专利数量、新技术研发投入与产出、科技成果转化率、科研成果产出率、技术研发成本和风险、新产品产值、企业利润率、企业供应链管理、企业间合作、企业生产运作与管理、企业成立年限、企业资产总额、企业盈利能力、企业声誉、企业市场占有率等方面均具有一定的典型性和代表性，被调查企业均位于我国中东部地区，通过实地访谈、实地调研和实地发放调查问卷等方式邀请企业的中高层管理人员对调查问卷相关评价指标进行赋值和综合打分。被调查企业均为海洋工程装备制造业供应链节点企业，拥有大量的亲密合作伙伴，绝大多数企业通过了质量认证。被调查的中高层管理人员具有丰富的工作经验，工作年限均为20年以上，均熟悉供应链、企业间合作、企业生产运营与管理等相关理论知识和实践知识，均为大学本科以上学历，被调查者年龄均在40岁以上。问卷调查采用李克特七级分量表制，1—7分依次表示非常不同意—非常同意。最终正式发送问卷350份，实际收回问卷312份，有效问卷277份，问卷有效率为79%，符合要求。样本企业描述性统计结果见表6－1，对产业分布而言，被调查企业均隶属于海洋工程装备制造业，样本共计277份，所占比例为100%。对企业性质而言，国有及国有控股企业123份，占比44.40%；私营或民营企业49份，所占比例为17.69%；合资企业76份，所占比例为27.44%；独资企业29份，所占比例为 10.47%。对企业成立年限而言,5 年以下 48 份,所占比例为 17.33%;5 ~ 10 年 83 份,所占比例为 29.96%;11 ~ 15 年 25 份,所占比例为 9.03%;16 ~ 20 年 37 份,所占比例为 13.36%;20 年以上 84 份,所占比例为 30.32%。对员工人数而言,100 ~ 500 人 116 份,所占比例为 41.88%;501 ~ 1 000 人 58 份,所占比例为 20.94%;1 001 ~ 2 000 人 25 份,所占比例为 9.03%;2 001 ~ 5 000 人 42 份,所占比例为 15.16%;5 000 人以上 36 份,所占比例为 13%。对企业所在网络规模而言,2 个 17 份,所占比例为 6.14%;3 ~ 5 个 34 份,所占比例为 12.27%;6 ~ 10 个 37 份,所占比例为 13.36%;11 ~ 15 个 79 份,所占比例为 28.52%;15 个以上 110 份,所占比例为 39.71%。

表 6 -1　样本企业描述性统计

描述性统计对象	描述性统计明细	样本/份	所占比例/%
产业分布	海洋工程装备制造业	277	100
企业性质	国有及国有控股企业	123	44.40
	私营或民营企业	49	17.69
	合资企业	76	27.44
	独资企业	29	10.47
企业成立年限	5 年以下	48	17.33
	5 ~ 10 年	83	29.96
	11 ~ 15 年	25	9.03
	16 ~ 20 年	37	13.36
	20 年以上	84	30.32
员工人数	100 ~ 500 人	116	41.88
	501 ~ 1 000 人	58	20.94
	1 001 ~ 2 000 人	25	9.03
	2 001 ~ 5 000 人	42	15.16
	5 000 人以上	36	13.00
企业所在网络规模	2 个	17	6.14
	3 ~ 5 个	34	12.27
	6 ~ 10 个	37	13.36
	11 ~ 15 个	79	28.52
	15 个以上	110	39.71

6.2.2 变量测量

机会主义行为，本书主要借鉴了 John 和 Gundlach 等的研究量表，共 8 个题项度量。供应链企业间信任，借鉴 Andesron、Hewett 等的研究，主要从供应链企业间能力信任、善意信任(共 8 个题项)测量供应链企业间信任。以企业间合作后获得的经济效益或非经济效益等的供应链企业间合作绩效评价企业间合作效果，共 4 个题项。供应链企业间信息共享与风险共担(共 9 个题项)测量供应链企业间协调沟通能力。

本书选取企业规模、企业成立年限、企业所在网络规模作为控制变量，基于 Boso、李拓晨、乔琳等的研究，采用问卷调查的形式，企业成立年限用年份与企业成立年份之间的差值测量(5 年以内—1；5 ~ 10 年—2；11 ~ 15 年—3；16 ~ 20 年—4；20 年以上—5)；企业规模用在职员工总人数衡量，企业所在网络规模用目前供应链上下游节点企业个数衡量(2 个—1；3 ~ 5 个—2；6 ~ 10 个—3；11 ~ 15 个—4；15 个以上—5)。

6.2.3 实证分析过程

(1)信度和效度分析。

为检验测量量表的内部一致性及有效性，对测量量表做信度、效度分析，借助 SPSS 24.0 软件进行相关检验，结果见表 6 – 2。首先，各个维度的 Cronbach's α 值都在 0.9 以上，说明本研究所用的量表是可靠的。所有变量的 KMO 值均大于 0.75，远高于 0.500 的最低标准，Sig. 值为 0.000 高度显著，因子表明变量题项之间的相关性较强，可以进行因子分析。

表 6 – 2 信度和效度分析

定量	题项	载荷	Cronbach's α	KMO 结果
机会主义行为	V1	0.74	0.957	KMO = 0.911 Bartlett 的球形度检验近似卡方 = 1 542.720 Df = 28 Sig. = 0.000
	V2	0.825		
	V3	0.917		
	V4	0.934		
	V5	0.911		
	V6	0.883		
	V7	0.901		
	V8	0.902		

续表

定量		题项	载荷	Cronbach's α	KMO 结果
合作绩效		V9	0.893	0.942	KMO = 0.856 Bartlett 的球形度检验近似卡方 = 667.293 Df = 6　Sig. = 0.000
		V10	0.951		
		V11	0.937		
		V12	0.914		
企业间信任机制	企业间善意信任	V13	0.89	0.939	KMO = 0.848 Bartlett 的球形度检验近似卡方 = 672.083 Df = 6　Sig. = 0.000
		V14	0.961		
		V15	0.954		
		V16	0.867		
	企业间能力信任	V17	0.949	0.954	KMO = 0.845 Bartlett 的球形度检验近似卡方 = 764.659 Df = 6　Sig. = 0.000
		V18	0.938		
		V19	0.941		
		V20	0.926		
企业间沟通协调能力	信息共享	V21	0.849	0.948	KMO = 0.894 Bartlett 的球形度检验近似卡方 = 883.685 Df = 10　Sig. = 0.000
		V22	0.901		
		V23	0.942		
		V24	0.941		
		V25	0.914		
	风险共担	V26	0.909	0.92	KMO = 0.752 Bartlett 的球形度检验近似卡方 = 392.651 Df = 6　Sig. = 0.000
		V27	0.946		
		V28	0.931		

注：V1—V28 所代表内容见附录 2。

（2）相关性分析。

利用 Pearson 系数分析变量之间的相关性，结果见表 6－3，供应链企业间信任、机会主义行为、合作绩效与沟通协调能力都存在一定程度的相关性。便于下一步调节效应分析，所有的相关系数都处在相对合理的位置。

表 6－3　相关性分析

	A1	A2	A3	VA	VB	VC1	VC2	VD1	VD2
A1	1								
A2	0.678***	1							

续表

	A1	A2	A3	VA	VB	VC1	VC2	VD1	VD2
A3	0.443***	0.653***	1						
VA	0.386***	0.396***	0.408***	1					
VB	0.39***	0.418***	0.403***	0.891***	1				
VC1	0.354***	0.366***	0.361***	0.857***	0.89***	1			
VC2	0.365***	0.346***	0.363***	0.788***	0.772***	0.872***	1		
VD1	0.306***	0.265***	0.258***	0.721***	0.666***	0.788***	0.869***	1	
VD2	0.2**	0.254***	0.284***	0.473***	0.426***	0.519***	0.655***	0.732***	1

注：*** 在 0.001 水平（双侧）上显著相关；** 在 0.01 水平（双侧）上显著相关。VA、VB、VC1、VC2、VD1、VD2 表示两个变量之间的相关性系数。

（3）层次回归分析。

层次回归分析结果见表 6-4，由于回归系数在 0.001 显著，因此机会主义负向作用于企业间合作绩效显著，假设条件 H1 成立。同时，企业间信任机制与沟通协调的调节效应回归结果显示，企业间信任机制中的企业间的能力信任与善意信任能够正向调节机会主义行为下的企业间合作，沟通协调机制中的风险共担能够有效制约企业机会主义行为，随着企业技术主义行为导致的企业合作风险、研发风险以及交易成本提高，企业只有解除合作关系，才能够避免承担风险。因此风险共担机制能够有效降低机会主义发生的概率。

表 6-4　层次分析结果

			机会主义行为	企业间信任机制的调节效应		沟通协调的调节效应	
		MODEL 1	MODEL 2	MODEL 3	MODEL 4	MODEL 5	MODEL 6
控制变量	A1	0.09	0.005 7	0.068	0.003	0.054	0.071
	A2	0.017	0.006 4	0.044	0.035	0.062	0.051
	A3	0.646***	0.766***	0.421***	-1.178***	0.891***	0.769***
自变量机会主义	V1		-0.198***	0.032	-0.07***	-0.202	0.01
调节变量供应链企业间信任机制	SYXR			0.752***			
	NLXE				0.818***		
	SYXR × V1			0.51**			
	NLXE × V1				1.3***		

续表

			机会主义行为	企业间信任机制的调节效应		沟通协调的调节效应	
		MODEL 1	MODEL 2	MODEL 3	MODEL 4	MODEL 5	MODEL 6
沟通协调能力	XXGX					0.186	
	FXGX						0.421 *
	XXGX × V1					0.062	
	FXGX × V1						0.548 *
R^2		0.488	0.513	0.758	0.934	0.516	0.529
F		55.063 ***	45.226 ***	38.295 ***	39.471 ***	30.148 ***	31.772 ***

注：*** 在 0.001 水平(双侧)上显著相关；** 在 0.01 水平(双侧)上显著相关。* 在 0.05 水平(双侧)上显著相关。

本书在构建的海洋工程装备制造业供应链企业间合作机理的基础上，检验企业间合作行为、企业间机会主义行为对企业间合作绩效的影响，同时分析在不同的合作行为情景变量调节下，我国海洋工程装备制造业企业间机会主义行为与供应链企业间合作绩效的作用机制变化。

6.3　本章小结

本章以海洋工程装备制造业供应链企业间合作行为作为因变量，以海洋工程装备制造业供应链企业间合作绩效作为结果变量，探讨海洋工程装备制造业供应链企业间合作绩效，建立了基于供应链企业间信任与沟通协调能力作为调节变量的机会主义行为的海洋工程装备制造业供应链企业间合作绩效影响机理模型，采用调查问卷、电子邮件、当面访谈等形式对我国海洋工程装备制造业企业进行实证分析，研究结果表明，供应链企业间的机会主义行为对供应链企业间合作有显著负向影响，供应链企业间信任与企业间风险共担信息共享能够降低机会主义行为发生的概率，有效促进海洋工程装备制造业供应链企业间合作关系的维持与发展。

第7章 海洋工程装备制造业供应链企业间合作的保障机制研究

外部环境的不确定性、突发性以及内部环境中企业如何避免机会主义行为是海洋工程装备制造业供应链企业间合作不可避免的影响因素，在影响因素识别与供应链企业间合作绩效影响研究结论的基础上，本书基于组织即兴视角、企业间信任视角以及信息共享视角，以提高海洋工程装备制造业供应链企业间合作绩效，改善供应链企业间合作关系为核心，提出海洋工程装备制造业供应链企业间合作保障机制，如图7－1所示。

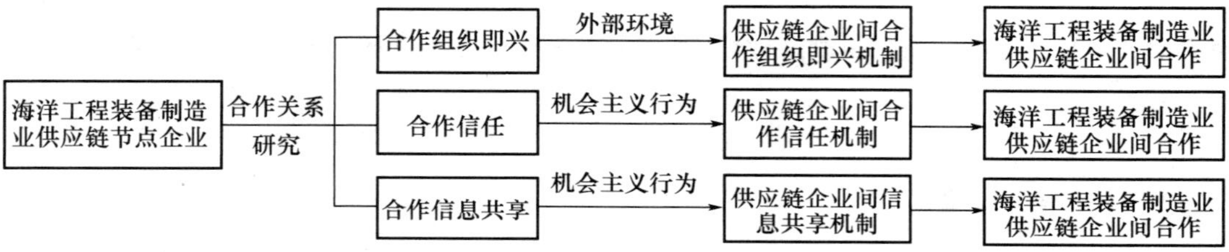

图7－1 海洋工程装备制造业供应链企业间合作的保障机制

7.1 基于组织即兴视角的保障机制

海洋工程装备制造业供应链节点企业间合作的外部环境具有动态性、突变性、不确定性的特征，为更好地应对外部环境的变化，需要供应链节点企业具有一种能够协同相关合作主体、整合利用现有资源、充分发挥企业的创造性和自主性、即时有效解决突发性外部环境问题的能力，即组织即兴能力。

7.1.1 基于组织即兴视角的保障机制模型的构建

7.1.1.1 海洋工程装备制造业供应链企业间组织即兴能力

国外学者基于对爵士乐即兴创作的研究提出组织即兴的概念，即在动态复杂环境下，企业大多没有充裕的时间制订完备的管理实施计划，需要运行"战略计划与实施同步结合"

的即兴模式。Crossan提出组织即兴是面对外部环境变化和时间压力下的一种本能和自发性反应。Pavlou和Sawy提出，即兴是在动态变化的外部环境中构建的一种重复反应的能力，这种能力可以自发地对组织现有资源重新进行组合分配，形成新的运营能力来处理紧迫的、不可预测的和新的外部环境状况。与此同时，王军基于以上研究，将组织即兴定义为在非预期变化和时间压力下，企业快速反应，整合现有资源，创新性地去面对危机和机遇的一种过程。综合王军、曹光明、陶厚永、Magni关于组织即兴的描述，本书对海洋工程装备制造业供应链企业间组织即兴做出以下界定，即在计划与执行时间维度上集中重合的情况下，海洋工程装备制造业供应链节点企业为应对外部环境变化的不确定性和突变性，即时采取组织协同相关主体、整合利用现有资源、突破原有规则的方法，充分发挥企业的创造性和自主性，有效解决突发性问题的行为。

在我国海洋工程装备制造业供应链企业间合作的过程中，其组织即兴能力主要表现为以下三个方面。第一，即时反应性。海洋工程装备制造业供应链企业间组织即兴是企业即兴反应与执行力同时进行的行为效应，指在供应链企业间合作过程中面对突发性、不确定性的外部环境时，海洋工程装备制造企业表现出的一种无计划的、即兴决策的能力，这个能力有助于促进企业间合作战略行动力、组织能力的提升，是衡量企业实力的重要指标之一。第二，自发性。强调即兴过程中想法的产生和时间执行上的同步性，即海洋工程装备制造业供应链节点企业在处于实时变化、充满不确定性的外部环境中时，企业间自发解决、即刻的反应，着重体现了供应链企业间组织即兴自发性本能反应。第三，意图创造性。供应链企业间合作在执行任务时企业成员发现原有计划和实施方式存在问题，试图改变现有情况或方案已达到合作初期的预期目标而采取的快速即时行动，由此可以看出组织即兴主要包括自发性和意图性两个方面。海洋工程装备制造业供应链企业间自发性组织即兴指海洋工程装备制造业供应链节点企业本能的、在线的对突发事件或计划完善性欠缺的事件做出的即刻应对措施，其发展方向具有一定的趋势性。海洋工程装备制造业供应链企业间创造性组织即兴是指海洋工程装备制造业供应链节点企业创造性地应对、改进以前无效的或有待完善的实施方案，创造性组织即兴其结果具有不可预测性。

7.1.1.2 供应链企业间信任与供应链组织即兴

供应链企业间信任是指供应链的节点企业包括供应商、制造商、科研机构、顾客、中介等组织在协同合作过程中，相信合作伙伴有能力遵守规则、兑现承诺，并坚信对方不会为获取更多个人利益而出现叛离的行为。海洋工程装备制造业供应链企业间信任划分为善意信任、能力信任和算计信任三个维度。第一，海洋工程装备制造业供应链善意信任指供应链节点企业在对彼此道德品质认可的基础上,协同合作追求海洋利益最大化,并在此过程中相信不会出现因个人利益得失导致机会主义行为的发生。因此,供应链善意信任能够有效增强海洋工程装备制造业供应链节点企业间信息共享程度、共同决策力以及合作紧密性。第二,海洋工程装备制造业供应链企业间能力信任指在供应链节点合作企业坚信彼此能力的基础上进行高频次、高效率的互惠合作,并坚信对方有能力且能够出色履行协议中的任务和责任。第三,海洋工程装备制造业供应链企业间算计信任指可以用计算式表达来排除信任方与被信任方特征的一种信任,通过计算出的信任阈值,来对双方继续维持和发展合作关系的意愿程度进行分析。基于以上研究可知,提升我国海洋工程装备制造业供应链节点合作企业整体组织即兴能力的关键在于如何调动节点企业的积极性,并在相互协同信任的基础上,高效、高质量完成组织即兴。樊耘等从自发性组织即兴以及创造性组织即兴两个维度,探讨企业间共享知识、信任水平对组织即兴的影响,认为供应链企业间信任水平对组织即兴有正向积极的影响作用。

在海洋工程装备制造业供应链企业间能力信任模式下,合作伙伴协同互信与互动学习能够提升企业间沟通合作的时效性、反应速率和质量水平,为下一步的市场即兴反应争取时间与空间优势进而提升企业组织即兴能力。供应链企业间善意信任决定企业间共享知识的吸收与利用程度,善意信任度越高企业合作态度越积极越能擦出智慧火花,进而产生更多创造性的、非常规的方案措施及执行线路。供应链算计信任是企业间维持合作或终止的必要条件,基于交易成本理论,当企业间算计信任水平在合作阈值范围内(预期收益大于合作成本)时,算计信任水平越高,企业间机会主义发生的频率越低,风险与交易成本越低,企业获利水平越高,越有利于企业间组织即兴。但 Chantman 认为,算计信任水平一定要维持在合作阈值范围内,如果超出该范围(预期收益等于或小于合作成本),可能引发合作双方合作紧密度下降以及相互猜疑,导致企业核心协同竞争力降低,供应链外部预警机制失效,企业组织即兴能力下降。

综上所述,海洋工程装备制造业供应链企业间能力信任、善意信任促使合作伙伴相信对方能够忠诚、正直维持和发展彼此的合作关系,减少机会主义倾向,增强关系密切度、资源整合度以及对外协同度,促进海洋工程装备制造业供应链企业组织即兴能力提升。但是,计算所得的信任水平值应控制在一定阈值范围内,算计信任能够促使合作伙伴发展长期合作意愿和积极的合作态度,提升海洋工程装备制造业供应链企业组织即兴能力。但当算计信任过高,超过阈值范围时,供应链节点合作企业关系将变得紧张,沟通机制受阻,即兴执行能力以及创造能力减弱,企业需要建立控制、监督机制平衡企业间关系。因此,本书提出以下假设:

假设 1a:海洋工程装备制造业供应链企业间能力信任正向作用供应链企业间自发性组织即兴能力。

假设 1b:海洋工程装备制造业供应链企业间能力信任正向作用供应链企业间创造性组织即兴能力。

假设 1c:海洋工程装备制造业供应链企业间善意信任正向作用供应链企业间自发性组织即兴能力。

假设 1d:海洋工程装备制造业供应链企业间善意信任正向作用供应链企业间创造性组织即兴能力。

假设 1e:海洋工程装备制造业供应链企业间算计信任"倒 U 型"作用供应链企业间自发性组织即兴能力。

假设 1f:海洋工程装备制造业供应链企业间算计信任"倒 U 型"作用供应链企业间创造性组织即兴能力。

7.1.1.3　供应链柔性与供应链企业间组织即兴能力

供应链柔性是指企业对客户需求变化快速有效做出应对的能力,Gunasekaran 等认为供应链柔性是供应链节点企业通过柔性制造系统、信息技术等快速满足客户对产品或服务突变需求的能力。海洋工程装备制造业供应链柔性是以顾客需求为导向,加强海洋工程装备制造业供应链企业间协同管理,有机集成供应链节点企业合作的核心能力,合理快速地响应和解决内外部环境不确定性带来的问题及应对这种变化所体现的鲁棒性。

海洋工程装备制造业供应链柔性能够促进海洋工程装备制造业供应链节点企业间库存、运输等信息快速透明地传递与共享,同时降低共享信息失真与不对称性的发生概率,提升海洋工程装备制造业供应链节点企业间信息交流频率,帮助企业准确快速掌握外部信息变动趋势。海洋工程装备制造业供应链运营柔性能够帮助节点企业快速响应变化的市场需求并重新配置资源,调整原有生产计划、设计流程进而提升新产品的研发速度以应对突变的客户需求,提升企业间创造性组织即兴能力。供应链鲁棒网络指在海洋工程装备制造企业受到内外部环境扰动因素冲击的情况下,维持网络结构的稳定性的能力,而供应链重构柔性促使海洋工程装备制造业供应链节点企业通过信息共享、调整组织架构、选择合作伙伴等途径,重构或重组供应链功能网络,供应链的鲁棒性与重构柔性结合能够快速响应市场变化及用户需求。供应链柔性能够有效减少牛鞭效应发生的频率,有效识别市场与客户需求的变动方向,提升海洋工程装备制造业供应链企业的市场快速响应力和企业运营绩效,缩短产品与技术研发周期,合理有效地控制库存以及提升产品交货及时率,促进供应链节点企业共同快速响应市场变动、需求变化，提升供应链企业组织即兴能力。根据以上理论分析，本书提出以下假设：

假设 2a：供应链柔性正向促进海洋工程装备制造业供应链企业自发性组织即兴能力。

假设 2b：供应链柔性正向促进海洋工程装备制造业供应链企业创造性组织即兴能力。

7.1.1.4 供应链信任与供应链企业间组织即兴能力

海洋工程装备制造业供应链企业间信任能够有效促进知识与信息在整个链条内的传递与实践应用，促使企业及时掌握客户的潜在变化需求，深入了解上游生产商的供应能力以及对未来变化的预测能力，便于供应链节点企业在相互信任的前提下高效利用网络资源并剔除外部变动的不利因素，以此来促进供应链柔性的发展。节点企业间积极的行为性合作承诺能够帮助企业及时规避潜在风险，促进企业间技术、生产和服务的柔性化，调和伙伴间利益与任务冲突，快速准确地对外部环境做出响应。Nooteboom 认为供应链合作伙伴之间构建以彼此信任为基础的合作承诺，维护平等公平的资源共享平台，有利于信息的共享转移吸收，避免企业间机会主义行为和牛鞭效应。Alan 等认为供应链企业间的能力信任便于企业间共享机密性信息并减少信息识别成本，提高供应链的响应速度，增强节点企业的关系亲密度与合作满意度。

Svensson 认为积极的行为性承诺研究以供应链企业间信任与供应链柔性关系研究为基础，Handfield 和 Bechtel 认为供应链伙伴企业之间的信任关系通过影响供应链的反应水平和柔性化能力，进而影响供应链节点上企业的合作绩效和组织即兴能力。刘丽文认为供应链上节点企业本着共同发展的动机，善意忠诚的合作态度，精确识别节点上的有用信息，节省重复性工作的冗余消耗，协同供应链整体的供给与变化的市场需求。有助于生产制造企业构建安全库存，以更少的交易成本对应非确定性客户需求，同时减少节点企业产能过剩导致过重的生产负荷，用供应链柔性提升创新绩效的同时，增强企业在非确定变化市场上的快速响应能力，提升供应链企业组织即兴能力。

综上所述，海洋工程装备制造业供应链企业间的能力信任、善意信任和较高的计算信任促使各海洋工程装备制造业供应链节点企业相信对方有实力、有能力完成合作的任务和目标，促进资源的共享性和可靠性，减少机会主义发生的可能性，提升对彼此价值观的认同度和关系亲密度。整合和优化配置资源，协调彼此之间的物流模式、组织运作、产品设计与供应、生产流程改进等，提升鲁棒网络与再重构柔性和抗干扰能力，进而提升海洋工程装备制造业供应链企业组织即兴能力。但是，供应链企业间算计信任要控制在合理的阈值范围内，一旦超过合理阈值，随着算计信任增加供应链企业之间维持和发展信任关系的投入成本和资源，产生心理契约失效现象，机会主义行为及牛鞭效应导致彼此终止信任及相互报复，双方协调行为的积极性下降，进而降低物流柔性、运作柔性、信息柔性和鲁棒网络与再重构柔性，未能快速有效地响应和应对变化的环境和客户需求，降低渠道绩效和企业组织即兴能力。本书由此提出以下假设：

假设 3a：供应链企业间能力信任正向促进海洋工程装备制造业供应链柔性。

假设 3b：供应链企业间善意信任正向促进海洋工程装备制造业供应链柔性。

假设 3c：供应链企业间计算信任“倒 U 型”作用于海洋工程装备制造业供应链柔性。

假设 3d：供应链柔性是供应链企业间信任与供应链企业组织即兴关系间的中介变量。

7.1.1.5　交互记忆系统对供应链企业间组织即兴的调节作用

海洋工程装备制造业供应链组织即兴的提升不仅取决于供应链企业间彼此信任及对外部客户需求的迅速反应，还依赖于海洋工程装备制造业供应链企业间的技术、知识等资源的专业性、可靠性。环境资源论认为，知识、资源等只有通过专业化人才的微观管理才能促进可靠信息的共享吸收与整合。本书借鉴 Christian 与张钢对交互记忆系统的定义认为，海洋工程装备制造业供应链交互记忆系统指海洋工程装备制造业节点企业共同构建的一种具有互信性与合作性的分工信息管理系统，便于海洋工程装备制造业供应链节点企业对共享知识进行有效编码、存储、检索和应用。相关研究显示，嵌入供应链企业间相互信任的协同网络中的交互记忆系统可以帮助节点企业更快速、更高效地提取利用信息以适应市场需求的变化。同时，海洋工程装备制造业典型示范企业的引导性、层次性能够激发供应链整体的创造性、灵性，对组织即兴行为有积极的正向促进作用。

本书借鉴 Lewis 对交互记忆系统的研究，将其划分为专业化、可信度、协调性三个维度。专业化指海洋工程装备制造业供应链企业间协同范围内拥有不同知识领域的海工企业在合作协同中的具有专业化与差异化的海洋资源处理能力与吸收能力。专业化能够有效促进海洋工程装备制造企业在彼此信任合作中以较轻的辨识负荷从冗余的信息中辨识并获取更多的专业知识资源，并确保合理分配相关经济、技术等资源，提高知识体系更新速率，改善海洋工程装备制造业供应链企业间合作团队执行力与创造力。可信度指海洋工程装备制造业供应链节点企业对共享资源的信任程度，能够有效驱动企业将不同领域的海洋工程装备制造业专业可靠的知识信息传递给专家、研发机构，进而减少重复劳作与认知，促使彼此高速无障碍交流的同时达到信息的融会贯通。协调性指海洋工程装备制造业节点企业能否顺畅地充分调和与利用所获取的专业的技术、管理等相关资源，协调性能够有效减少因算计信任超过阈值范围导致的机会主义或牛鞭效应，确保维持供应链企业间健康稳定的合作关系。

在海洋工程装备制造业供应链企业间信任模式下，随着交互记忆系统的专业化、可信度和协调性的提高，海洋工程装备制造业供应链节点企业拥有更可靠的团队意见、决策以及应急性创作氛围，海洋工程装备制造企业也能够更快速、专业、高效地应对外部环境的变化。交互记忆系统通过协调团队创作力量，将其最大程度激发释放，促进海洋工程装备制造业供应链节点企业间高可信度信息的频繁交流，减少信息冗余和矛盾冲突，提升供应链柔性下的海洋工程装备制造业节点企业组织即兴能力。反之，如果供应链交互记忆系统调节性降低，则供应链柔性下降，团队创作力没有完全激发，信息复杂性加重，企业间协调能力降低，矛盾冲突日趋加大，阻碍海洋工程装备制造业供应链企业组织即兴能力。据此，本书提出以下假设：

假设4：交互记忆系统对海洋工程装备制造业供应链企业间信任与供应链企业组织即兴有正向调节效应。

假设5：交互记忆系统对海洋工程装备制造业供应链柔性与供应链企业组织即兴的正向线性关系有积极的调节效应。

假设5a：交互记忆系统的专业化对海洋工程装备制造业供应链柔性与供应链企业组织即兴的正向线性关系有积极的调节效应。

假设5b：交互记忆系统的可信度对海洋工程装备制造业供应链柔性与供应链企业组织即兴的正向线性关系有积极的调节效应。

假设5c：交互记忆系统的协调性对海洋工程装备制造业供应链柔性与供应链企业组织即兴的正向线性关系有积极的调节效应。

基于此，海洋工程装备制造业基于组织即兴的保障机制如图7－2所示。

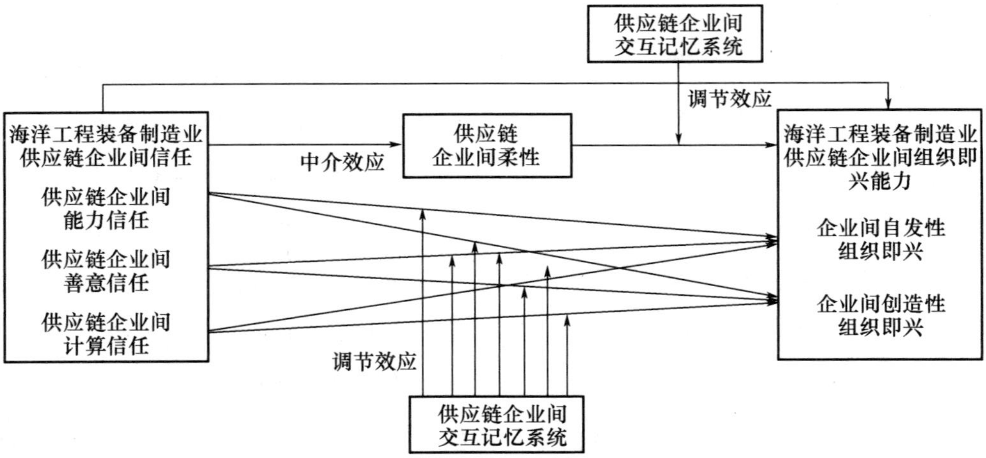

图7－2　海洋工程装备制造业供应链企业间组织即兴能力模型构建

7.1.2　基于组织即兴视角的保障机制的实证分析

本书以我国与海洋工程制造业产业供应链相关的节点企业为研究对象。为保证问卷结构设计合理,本书对调查问卷进行预调研处理。以黑龙江省 10 家制造企业为样本,采用纸版与电子版两种形式发放预调研问卷30 份,回收问卷后对被调研者反馈回来的问题进行修改与完善。参考已有的国外成熟量表的设计经验进行修正,并通过双向翻译,基本上能够使概念、测量与原问卷保持等同性并符合中文的情景,最大限度地提高表述和测量的精确性,形成最终量表。本着自愿、匿名、保密的原则进行调研,以确保问卷能够正确反映研究主题和研究侧重点。问卷调查采用李克特七级量表制,1—7 分依次表示非常不同意—非常同意。最终正式发送问卷400 份,实际收回问卷327 份,去掉有缺失值和极端答项的问卷 49 份,剩余有效问卷 278 份,问卷有效率为 69.5%。样本企业描述性统计结果见表 7 - 1,对产业分布而言,被调查企业均属于海洋工程装备制造业,样本共计 327 份,所占比例为 100%。对企业性质而言,国有及国有控股企业 139 份,占比 42.51%;私营或民营企业 65 份,所占比例为 19.88%;合资企业 83 份,所占比例为 25.38%;独资企业 40 份,所占比例为 12.23%。对企业成立年限而言,5 年以下 51 份,所占比例为 15.60%;5 ~ 10 年 81 份,所占比例为 24.77%;11 ~ 15 年 36 份,所占比例为 11.01%;16 ~ 20 年 57 份,所占比例为 17.43%;20 年以上 102 份,所占比例为 31.19%。对员工人数而言,100 ~ 500 人 123 份,所占比例为 37.61%;501 ~ 1 000 人 79 份,所占比例为 24.16%;1 001 ~ 2 000 人 25 份,所占比例为7.65%;2 001 ~ 5 000 人 53 份,所占比例为 16.21%;5 000 人以上 47 份,所占比例为 14.37%。对企业所在网络规模而言,2 个 27 份,所占比例为 8.26%;3 ~ 5 个 34 份,所占比例为 10.40%;6 ~ 10 个 50 份,所占比例为 15.29%;11 ~ 15 个 94 份,所占比例为 28.75%;15 个以上 122 份,所占比例为 37.31%。

被调查企业在新技术开发数量、新项目数量、专利数量、新技术研发投入与产出、科技成果转化率、科研成果产出率、技术研发成本和风险、新产品产值、企业利润率、企业供应链管理、企业间合作、企业生产运作与管理、企业成立年限、企业资产总额、企业盈利能力、企业声誉、企业市场占有率等方面均具有一定的典型性和代表性,被调查企业均位于我国中东部地区,通过实地访谈、实地调研和实地发放调查问卷等方式邀请企业的中高层管理人员对调查问卷相关评价指标进行赋值和综合打分。被调查企业均为海洋工程装备制造业供应链节点企业,拥有大量的亲密合作伙伴,绝大多数企业通过了质量认证。被调查的中高层管理人员具有丰富的工作经验,工作年限均为 20 年以上,均熟悉供应链、企业间合作、企业生产运营与管理等相关理论知识和实践知识,均为大学本科以上学历,被调查者年龄均在40岁以上。

表7-1 样本企业描述性统计

描述性统计对象	描述性统计明细	样本/份	所占比例/%
产业分布	海洋工程装备制造业	327	100
企业性质	国有及国有控股企业	139	42.51
	私营或民营企业	65	19.88
	合资企业	83	25.38
	独资企业	40	12.23
企业成立年限	5年以下	51	15.60
	5~10年	81	24.77
	11~15年	36	11.01
	16~20年	57	17.43
	20年以上	102	31.19
员工人数	100~500人	123	37.61
	501~1 000人	79	24.16
	1 001~2 000人	25	7.65
	2 001~5 000人	53	16.21
	5 000人以上	47	14.37
企业所在网络规模	2个	27	8.26
	3~5个	34	10.40
	6~10个	50	15.29
	11~15个	94	28.75
	15个以上	122	37.30

供应链企业间信任，借鉴Andesron、Hewett、谭云清、叶飞等学者的研究，对其进行适度修改，从供应链企业间能力信任、善意信任与算计信任3个维度（共14个题项）测量供应链企业间信任。供应链柔性，借鉴Gong、Patricia、齐懿冰等研究中的成熟量表，最终确定6个题项来对供应链柔性进行测量。交互记忆系统，参考和借鉴王端旭、Hollingshead和Lewis的相关研究，最后确定了14个题项对其进行测度。供应链企业组织即兴，参考和借鉴Vera、Miner和Sadler-Smith等提出的成熟量表，共10个题项测量供应链企业组织即兴。

本书选取企业规模、企业成立年限、企业所在网络规模作为控制变量，探讨海洋工程装备制造业供应链企业间信任对供应链企业组织即兴的影响机理。研究显示，企业规模越大，越有利于创新；企业成立时间越长，越具备创新的资源优势；企业所在网络规模越大意味着节点企业数越多，企业可获取的资源越多，越有可能实现组织即兴。基于 Boso 等人的研究，本书采用问卷调查的形式，企业成立年限用年份与企业成立年份之间的差值测量（企业成立年限 5 年以内—1；5 ~ 10 年—2；11 ~ 15 年—3；16 ~ 20 年—4；20 年以上—5）；企业规模用企业员工总人数衡量（500 人以下—1；501 ~ 1 000 人—2；1 001 ~ 2 000 人—3；2 001 ~ 5 000 人—4；5 000 人以上—5）；企业所在网络规模用组织目前的合作伙伴数量表示（2 个—1；3 ~ 5 个—2；6 ~ 10 个—3；11 ~ 15 个—4；15 个以上—5）。

（1）实证分析结果。

量表的信度和效度分析结果见表 6 - 2。首先，各个维度的 Cronbach's α 值都在 0.65 以上，说明本研究所用的量表是可靠的。所有变量的 KMO 值均大于 0.75，远高于 0.500 的最低标准，Sig. 值为 0.000 高度显著，表明变量题项之间的相关性较强，可以进行因子分析。对各变量进行因子分析，各维度因子分析经正交旋转后，各维度均提取出一个公因子，通过进一步观察各因子载荷可知，最低载荷系数为 0.67，远高于 0.300 的最低标准，结合效度分析各个检验标准，证明设计的问卷具有较好的结构效度。同时利用 Pearson 系数分析变量之间的相关性。

（2）供应链柔性的中介效应。

运用 Amos 21 作为分析工具对供应链企业信任与供应链企业组织即兴的影响机理进行研究，初步构建结构方程初始模型，如图 7 - 3 所示，检验供应链柔性作为中介变量对供应链企业间信任与供应链企业组织即兴能力的影响。

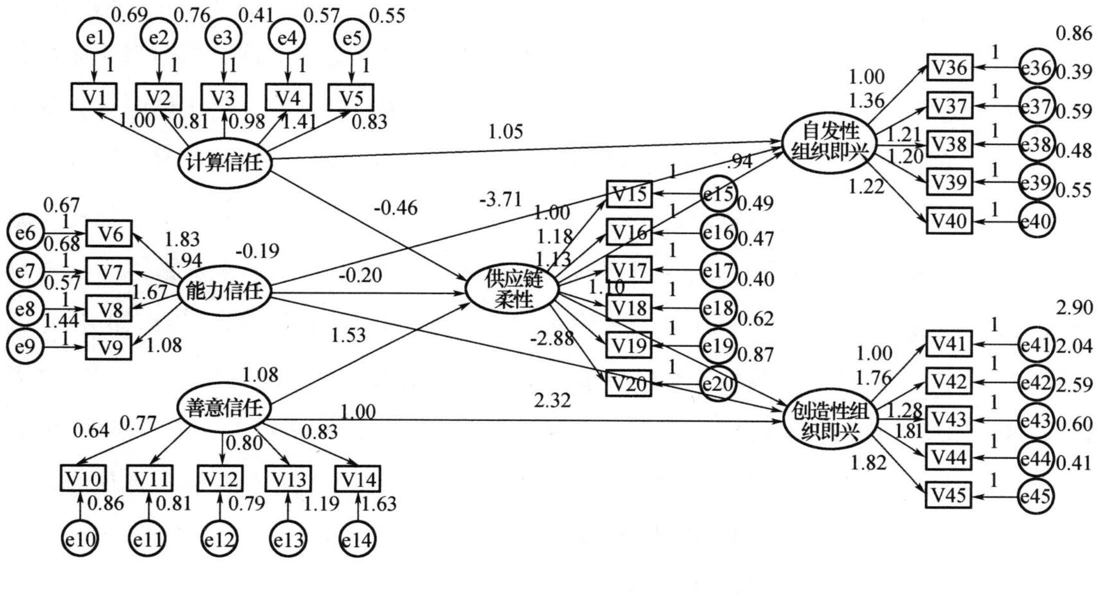

图 7 - 3　组织即兴的作用机制初始模型

初始模型的拟合度未达理想目标，根据 Amos 提供的修正指标，对原模型共进行 5 次修正，修正后模型以及拟合结果如图 7 -4 所示。在修正后的模型的拟合度指标中，从绝对拟合指数、增值拟合指数以及简约拟合指数这三个方面来评价该初始结构方程模型与实际数据的适配程度，所有指标均达到可接受标准，表明修正后整体模型的适配度是理想可接受的。因此，修正后的结构方程模型被确认为最终模型，可以用来检验相应的假设，其路径结果可以较为合理、有效地反映本研究的关系。

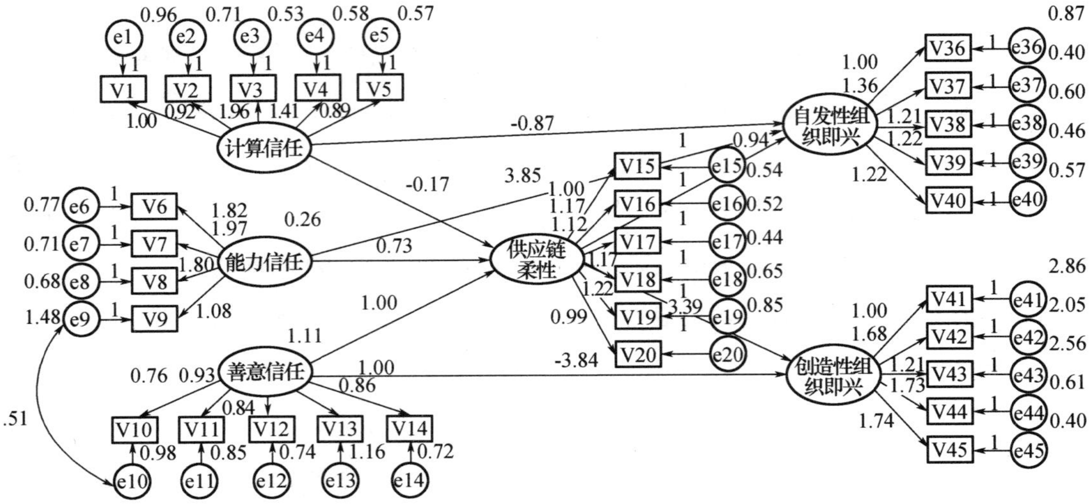

图 7 -4　作用机制最终模型

修正后模型如图 7 -4 所示，供应链企业间能力信任对供应链创造性组织即兴的路径经过几次修正后依旧不显著，初始模型中供应链善意信任对供应链创造性组织即兴无显著路径，经过调整因子发现通过调整计算信任与善意信任的对应关系，可以优化供应链善意信任与供应链创造性组织即兴的路径关系，由此可见，节点企业在极端信任的阈值范围内，二者相互促进，可以正向促进供应链企业创造性组织即兴能力。供应链企业间善意信任与能力信任对供应链企业自发性、创造性组织即兴的正向促进作用成立，但供应链能力信任对供应链企业创造性组织即兴需要由善意信任主导经由能力信任促进创造性组织即兴，并通过结构方程验证，供应链计算信任对供应链企业自发性组织即兴与创造性组织即兴的“倒 U 型”关系成立。供应链柔性正向促进自发性组织即兴与创造性组织即兴关系显著，供应链柔性作为供应链能力信任与供应链企业组织即兴的中介变量，以及供应链柔性作为供应链企业间善意信任与企业组织即兴的中介效应显著。

(3) 交互记忆系统的调节效应分析。

交互记忆系统作为供应链企业间信任与供应链企业组织即兴影响机理的调节效应，运用层次回归分析法，以交互记忆系统的三个维度作为调节变量，进行验证。表7－2，表7－3所示，假设1a—假设1f主要为检验供应链企业间信任与供应链企业组织即兴的关系，层次回归分析结果显示，供应链企业间善意信任与供应链企业自发性组织即兴与创造性组织即兴回归系数分别为2.012、9.985，均达到0.05的显著水平，假设1c、假设1d条件成立，即善意信任水平越高，合作紧密性以及即兴发挥能力越强。同理假设1a、假设1e、假设1f条件成立，即供应链能力信任水平促进供应链企业自发性组织即兴能力提升。计算信任与供应链企业自发性组织即兴与创造性组织即兴的"倒U型"关系成立，即供应链企业间计算信任在一定的阈值范围内，随着信任的加强对组织即兴的提升有促进作用，但计算信任超过信任阈值，对供应链企业组织即兴能力的提升起到负向作用。但是，供应链能力信任与创造性组织即兴正向促进关系不显著，与结构方程中的验证结果一致。

表7－2 自变量直接效应检验结果

	供应链自发性组织即兴				供应链创造性组织即兴		
	Model 1	Model 2	Model 3	Model 4	Model 5	Model 6	Model 7
A1	2.406*	1.522	2.195*	2.574**	4.715***	3.383***	1.261***
A2	2.75**	1.878**	2.466*	2.416*	23230**	0.971	1.797
A3	3.009	1.643*	2.734**	2.721**	0.955	－1.615	0.379
JSXR						5.281***	
$JSXR^2$		－1.223**				－3.506***	
NLXR			2.085*				
SYXR				2.012*			9.985***
R^2	0.324	0.371	0.364	0.363	0.314	0.465	0.378
F	32.988***	24.570***	29.554***	29.436***	31.550***	35.704***	31.346***

注：***为0.001水平下显著，**为0.01水平下显著，*为0.05水平下显著。

表7－3 交互记忆系统对信任与组织即兴的调节效应检验

	供应链自发性组织即兴			供应链创造性组织即兴		
	Model 1	Model 2	Model 3	Model 4	Model 5	Model 6
A1	1.605	1.758*	0.277	2.350*	2.790**	2.714**
A2	1.521*	1.594	0.65	0.799	1.054	0.317
A3	1.118	1.488	1.900*	2.1072*	－2.150*	－1.72

续表

	供应链自发性组织即兴			供应链创造性组织即兴		
	Model 1	Model 2	Model 3	Model 4	Model 5	Model 6
JSXR	0.908	1.622*	5.281***	2.774**	2.934**	4.090***
$JSXR^2$	-1.664*	0.563	-3.506***	0.268	-0.489	-1.385
ZY	2.491*			3.195***		
KX		1			2.905**	
XT			5.104***			2.703**
$ZY \times JSXR^2$	-2.963**			-2.540**		
$KX \times JSXR^2$		-1.920*			-1.617*	
$XT \times JSXR^2$			-1.722*			-0.889
R^2	0.434	0.421		0.486	0.484	0.492
F	22.952***	21.804		28.039***	27.791***	28.709***

注：*** 为 0.001 水平下显著；** 为 0.01 水平下显著；* 为 0.05 水平下显著。

探讨交互记忆系统的专业化、可信度以及协调性三个维度作为调节变量，对供应链企业间计算信任与供应链企业组织即兴能力的调节效应，见表 7-4、表 7-5，层次回归检验模型显示，交互记忆系统的可信度、专业化以及协调性三个维度对供应链自发性组织即兴的回归系数分别为 -2.963、-1.920、-1.722，均处于 0.05 的显著水平，因此交互记忆系统对供应链计算信任与供应链企业自发性组织即兴的调节效应存在。同理可知，交互记忆系统的专业性与可信度在供应链企业间计算信任与供应链创造性组织即兴影响关系中有积极的调节作用，交互记忆系统的协调性作用不显著，交互记忆系统的调节效应部分存在。因为供应链企业间能力信任与创造性组织即兴的正向作用路径不明显，因此，交互记忆系统对供应链企业间能力信任与供应链企业组织即兴的调节效应较弱。

表 7-4　交互记忆系统对善意信任与组织即兴的调节效应检验

	供应链自发性组织即兴			供应链创造性组织即兴		
	Model 1	Model 2	Model 3	Model 4	Model 5	Model 6
A1	1.404	1.564	0.681	2.860*	1.78	0.652
A2	2.326*	2.238*	1.247	1.558	2.119*	0.966
A3	1.659	1.895	2.607**	-1.14	2.235*	2.802**
SYXR	4.282***	4.879	0.631	3.497***	3.872***	2.075*

续表

	供应链自发性组织即兴			供应链创造性组织即兴		
	Model 1	Model 2	Model 3	Model 4	Model 5	Model 6
ZY	4.372**			4.427***		
KX		4.480***			3.290***	
XT			4.672***			4.222***
ZY×SYXR	4.058*		0.527	2.909**		
KX×SYXR		4.555***			3.485***	
XT×SYXR			-1.722*			2.816**
R^2	0.414	0.42	0.601	0.427	0.394	0.594
F	24.546***	25.185***	51.214***	25.857***	22.700***	49.747

注：*** 为 0.001 水平下显著；** 为 0.01 水平下显著；* 为 0.05 水平下显著。

表 7-5　交互记忆系统对供应链柔性与组织即兴的调节效应检验

	供应链自发性组织即兴				供应链创造性组织即兴			
	Model 1	Model 2	Model 3	Model 4	Model 5	Model 6	Model 7	Model 8
A1	1.936	0.874	1.475	0.489	2.954**	2.742**	2.924**	2.135*
A2	2.443**	2.391*	2.336**	1.225	1.739	1.649	1.688	0.804
A3	2.345*	1.967*	1.731	2.500***	0.561	-0.946	-1.092	-0.801
RX	2.646**	2.517*	3.959***	0.536	6.138***	3.389***	2.958**	3.324***
ZY		1.901				2.459**		
KX			2.404**				1.396	
XT				1.083***				2.938**
ZY×RX		1.995*	0.527			1.637 *		
KX×RX			3.168**				0.995	
XT×RX				-0.204		2.816**		-0.175
R^2	0.372	0.379	0.398	0.602	0.436	0.594	0.449	0.453
F	30.594***	21.357***	23.046***	51.365***	39.613***	49.747***	28.198***	28.656***

注：*** 为 0.001 水平下显著；** 为 0.01 水平下显著；* 为 0.05 水平下显著。

交互记忆系统作为情景变量在供应链柔性与供应链企业组织即兴的正向线性关系中有一定的调节作用，为验证其调节效应，如表 7-5 层次回归分析所示，假设 5a、假设 5b 检验供应链柔性与交互系统的专业化与可信度的分别交互作用，供应链企业自发性组织即兴能力，层次回归系数分别为 1.995、3.168，达到 0.05 的显著水平，因此，假设 5a、假设 5b 成立。同理，供应链企业创造性组织即兴能力下，供应链交互记忆系统专业化维度与供应链柔性对供应链企业创造性组织即兴有积极的调节作用。交互系统的协调性对供应链柔性与供应链企业自发性组织即兴的调节作用不显著。

7.1.3 海洋工程装备制造业供应链企业间组织即兴保障措施

海洋工程装备制造业供应链企业间信任机制对供应链企业组织即兴能力的提升有正向积极促进作用，并且供应链柔性在节点企业间信任与供应链企业组织即兴的促进关系中发挥重要的中介作用。在此研究基础上本书发现，海洋工程装备制造业供应链交互记忆系统在供应链企业间信任与供应链企业组织即兴、供应链柔性关系中都有重要的调节效应。海洋工程装备制造业供应链柔性贯穿于供应链企业间信任与企业组织即兴影响关系的全过程，在海洋工程装备制造业供应链协同战略合作中，保证供应链柔性的保障效应。海洋工程装备制造业交互记忆系统通过分别调节供应链企业间信任与供应链柔性的工具效应影响供应链企业组织即兴能力，交互记忆系统对供应链企业组织即兴的调节效应部分是通过供应链柔性的中介效应正向传递的。主要做到以下两个方面：

第一，对传统的海洋工程装备制造企业组织结构实施柔性化变革。传统金字塔的等级结构存在很大的一个弊端是企业反应速度迟缓、组织结构僵化，致使企业很难应对处理外部环境不确定性的突变情况。供应链企业间合作要求合作伙伴之间信息有效共享、及时传递，冗长的管理层级对企业间合作顺畅地进行形成了阻碍和制约，因此，企业需要与合作伙伴进行组织体制的整合，目的在于提高企业组织结构对供应链环境的适应性，进而对海洋工程装备企业进行柔性化变革，柔性化组织结构具有灵活性、适应性以及便捷性等特征，因此这种结构可以充分整合利用企业的内外部资源，不断锻炼与提升组织对市场变化与竞争的反应能力，有利于企业实现集权与分权、稳定性与变革性的统一；柔性化结构可以大大降低企业成本，促进企业人力资源开发，推动企业组织机构向扁平化发展，柔性化的组织结构对企业内部间的交流合作有促进作用，同时在知识共享的过程中将各领域中的智慧进行集合，对企业间合作关系的维持以及提升技术创新能力具有十分重大的意义。

第二，加强外部环境不确定情况下企业间合作关系应急管理，应急管理是在突发事件发生的情况下，为了不受到突发事件的影响而提出的优化策略，主要通过对形成的原因结果等进行分析，再整合多方面的资源，全面性应对突发事件。构架完善的海洋工程装备制造业供应链企业间合作应急管理措施，成为解决突发事件的有效办法，在提高企业组织即兴能力、企业核心技术能力的基础上，强调履行社会责任的意义、提高供应链企业间合作的柔性，协调解决海洋工程装备制造业供应链企业间合作下的突发事件。

7.2　基于信任视角的保障机制

供应链企业间信任对海洋工程装备制造业供应链企业间合作具有重要的促进作用,海洋工程装备制造业的企业发展特点是模块型的总装生产,包括上游的海工产品的原材料供应链,中间的模块成品,产品线复杂且交货期长,需要总装企业严格控制产品质量、产品精细度、产品技术附加值以及产品交货期等。但在海洋工程装备制造业供应链企业间信任机制的构建过程中,往往因企业间缺乏信任、合作诚意不够等导致企业合作中的合作效率降低,供应链企业间交易成本增加,进而导致合作以失败而告终。信任不仅是合作关系发生的重要前提,还是合作过程的主要推动力,大多数合作失败的原因是企业间缺乏足够的信任。

7.2.1　建立基于机会主义的供应链企业间信任机制

对供应链企业来说,建立有效供应链信任保障机制尤为重要。在合作双方做出决策时,供应链企业间信任度增加能够促进合作方以良好的态度处理相互关系,更多地从整体利益、长期利益最大最优化出发,有效减少短期机会主义行为发生的可能性,也有助于企业间接触往来增多,从而提高交易效率。信任是一个非对称性的双向建立过程,如果想为企业间信任机制提供有力的制度保障,不仅要对信任双方提供保障,也要从整体出发建立综合性的合作信任协议框架。

7.2.1.1　提升企业自我信任度

提升企业自我信任度也就是建立自我可信任形象,具备良好的企业自我信任度是加入供应链企业间合作的先决条件。信任是双向的,不仅需要对方争取己方的信任,在这个双向的过程中,也需要企业自身建立良好的可信任形象,同时凭借信息传递行为获得意向企业的信任与了解,主动出击,从源头上控制机会主义行为发生。企业可以通过展示自身的企业文化、创新能力、资源储备以及技术团队等方面来提升企业的自我信任程度。基于本书的研究对象,海洋工程装备制造企业建立良好的自我可信任形象的战略性策略主要有:①展示企业高配套性的海洋工程装备制造业整套设备;②通过展示企业产品系列显示企业的高创造能力和巨大的上升空间;③增强与委托人的接触,在交流过程中,展示自身良好的企业文化与合作诚意,同时争取建立长期稳定的合作关系;④建立一支拥有高技术的专业性团队,增强对方的认同感。提升企业自我信任度,有助于从根本上控制机会主义行为的发生,是建立供应链企业信任保障机制的重要手段之一。

7.2.1.2 建立公平的利益分配机制

供应链企业间信任关系的建立是企业间相互诱导的过程，要想形成可靠性更高的相互信任关系，必须通过建立长期、相互诱导的合作关系来实现。供应链企业间在合作的同时建立相互信任的关系，会促使供应链产生“1 + 1 > 2”的整合效应。要想在企业间长期博弈的过程中建立长期的合作，减少短期机会主义行为发生，建立更加牢固的信任关系，就必须满足各参与企业的利益需求，促使其更多地从合作整体利益、长期利益最大化出发。因此，建立公平的利益分配机制是不可或缺的，同时也有助于减少短期机会主义行为发生频率，是建立供应链企业信任保障机制的重要手段之一。

7.2.1.3 建立完善的合作信任协议框架

海洋工程装备制造业企业间信任指以海洋总装企业为核心，供应链节点企业彼此信任、遵守合作协议的相关约定、按期履行合同及时交货、按合作交货期要求提高产品质量以及按期付款，无论合作履行过程中出现什么问题，企业以及合作伙伴都相信对方不会出现为个人利益而出卖或者欺骗彼此的行为。但企业机会主义行为是贯穿于企业间合作中的不可避免的行为，选择适合、互补的合作搭档是减少机会主义行为发生最直接有效的方式。在进行约定好的任务时，这种合作伙伴在朝着目标行进时，通常不会选择机会主义行为，而是采取合作互助的方式来完成任务。

因此，企业间建立完善的合作信任协议框架，主要包括明确企业各自履行的责任义务、知识产权保护责任、债务与破产、企业共赢目标、法律意义上的违约处罚等，同时应尽量完善订单合作的订立与执行，尤其是应严格执行法律法规，采取强有力的有效措施减少法律执行难的局面，规范市场主体的经营行为，从而提高履约率。督促相关部门尽快完善相关立法并严格执法，为企业间信任机制提供有力的制度保障。

7.2.2 建立海洋工程装备制造业供应链企业间信任评估体系

选择合适的供应链企业合作伙伴是一个十分慎重的过程。对于供应链节点上的所有企业来说，想与自己的意向企业合作就必须形成一种稳固的相互信任关系。在这个过程中需要具备一定的考核与求证体系，对于已经成为合作关系的海洋工程装备制造业供应链节点企业，建立一套完善的评估体系来对其进行考核评估才能为海洋工程装备制造业供应链企业合作提供强有力的保障，主要包括：

构建内部信任评估体系：第一，对企业间的合作创新能力及资源进行评估。供应链企业建立合作关系后，利用好合作形成的共享资源是企业间合作创新能力提高的关键。通过构建评估体系对所选择企业的合作创新能力和资源进行考核评估，有助于企业发现对方所隐藏的缺点，识别对方所展示信息的真伪，基于此，选择与己方自身能力资源相匹配的供应链企业进行合作，是控制机会主义行为产生最直接有效的方式，是建立海洋工程装备制造业供应链合作的信任机制的重要前提。第二，构建企业间的合作动机考核评估。某些企业在争取与其他企业合作时，为了取得对方的信任会对自身进行美化修饰甚至是编造虚假信息来欺诈合作企业，因此对企业合作动机的考察十分重要，但仅以表面信息作为参考是难以辨别出企业真正的合作动机的，这可能会对企业的决策产生影响从而导致企业做出不利于自身发展的选择。为降低这种行为发生的概率，可以通过考察企业以往的合作履历和名声等来构建信任评估体系，辨别企业的合作动机，挑选声誉良好的企业进行合作，这也为建立海洋工程装备制造业供应链合作的信任机制提供了保障。

构建外部信任评估体系：聘用第三方监管机构从事海洋工程装备制造业供应链企业间的专业信任评估，秉持客观、公正的原则，在构建企业彼此信任的评价指标体系的基础上，建立海洋工程装备制造业供应链各个节点企业的信用档案，同时，按照行业标准、生产制造标准、原材料检验标准、法律法规和道德标准等量化指标定期与不定期的信任考核，监控与管理企业间合作的全过程。海洋工程装备制造业供应链企业间信任评价体系的构建能够有效促进供应链企业间信息有效交流、合作，供应链节点企业能够如期履约，按质量标准、技术要求提供海工产品和服务，同时在合作完成后，海洋工程装备制造企业在合作过程中形成的良好声誉，将为该企业与其他企业合作创造有利条件。因此，供应链企业间信任机制的构建与评价，不是独立的过程，而是关联所有合作企业集体努力的结果，同时促进供应链企业的良性实践与发展。

7.3　基于信息共享的保障机制

从信息经济学的角度来看，供应链企业间合作属于委托代理关系。共享信息是指代理人与委托人共享机密信息的程度。这个过程中所涉及的代理人和委托人具有较高可信度。信息流是供应链企业合作的关键要素，尤其是制造、运输、服务等信息。因此需要构建健全、合理、高效的海洋工程装备制造业信息共享平台，促进供应链节点企业全面了解项目、技术等信息的同时，能够更好地进行资源整合、技术创新、产品优化升级、工艺流程改进等。目前海洋工程装备制造业供应链企业间合作中，由于海工产品技术复杂、产品各个模块多且产品复杂性极高，产品零部件数量庞大，供应链节点合作链长且复杂，企业信息监管力度不够，信息共享机制不健全，没有充分发挥作用，主要表现在，第一，海洋工程装备制造业供应链合作企业内部信息的公开程度不一致，企业间的技术、运营、资金、整体状况的共享程度不同或存在虚假信息等问题，导致供应链企业间信息交流与利用方面不顺畅。第二，海洋工程装备制造业供应链企业间信息不对称，若合作中存在单纯愿意将对自己有利的信息分享而有意保留其他信息，可能会导致供应链整体合作产生信息危机，甚至长期合作关系遭到破坏。第三，由于目前网络信息安全等问题导致企业间信息泄露等问题，因此企业蒙受损失。第四，海洋工程装备制造业由于供应链合作企业数量多导致企业间共享信息数量庞大，但有用信息率相对较低，因此供应链企业需要参与到信息的有效识别过程中，需要投入较高的资金、设备、人力等交易成本。

7.3.1 建立信息共享的沟通机制

在供应链企业的合作过程中，因为专有信息和机密信息是通过供应链进行传递的，所以建立并完善海洋工程装备制造业供应链企业间信息系统平台、规范各个系统之间的衔接关系、严格管控共享信息质量是保障共享信息的技术性依托；但是要将信息共享系统和供应链完美融合在一起，仅靠建立信息传递平台等技术性保障是远远不够的，还需针对海洋工程装备制造业供应链间企业成员的信息共享建立保障机制。在实施信息共享的过程中，供应链企业间成员在拥有自身信息资源的情况下，还可以获得剩余参与企业共享的信息，即在获得共享信息的同时，还保有具有不对称属性的部分私人信息。这部分私人信息可能会促使拥有这部分信息的企业成员获取更高的利益或者更低的成本，这种行为的发生违背了信息共享的初衷，降低了企业间的信任，不利于建立长期稳定的合作关系。从长远和整体出发，这种行为是不道德的，所以在实现信息共享的过程中，不能只以技术性策略来保障信息共享机制建立，还必须建立正规的信息共享制度。在整个流程当中，必须对供应链间合作企业需要共享的信息做出规范，例如，共享信息包括：只有合作双方真诚无私地分享自己所拥有的库存、营销、业务、生产制造、产品和物流等信息，才能达成海洋工程装备制造业供应链企业间真正意义上的合作。

在这个过程中，需要制定相应的规定、制度，规范企业传递共享信息的有用性、高效性以及质量性。合作伙伴通过签订信息契约合同，规范共享信息的应用范围、应用条件、保密条件、交换方式以及存储条件等，同时，构建海洋工程装备制造业供应链企业信息共享第三方系统平台，由第三方信息企业构建专业的信息共享数据库，实施信息安全保护处罚条款和相应的信息保护法律法规，并将共享信息合作契约作为企业间信任档案管理的标准之一。

7.3.2　建立基于信息共享的激励机制

引入海洋工程装备制造业供应链企业信息共享激励机制的目的是更好地提高供应链信息共享的水平及效率，更好地为供应链企业服务。位于供应链节点上的企业所拥有的信息量是不同的，如果不建立信息共享的激励机制，信息共享量少的企业直接共享其他企业所提供的信息，这一行为容易引发企业间的矛盾，破坏企业间建立的信任关系，损害合作企业的利益。为了避免这种情况发生，建立信息共享的激励机制是非常重要的。可以通过以下的具体措施来设计信息共享的激励机制：

(1)拟定供应合同。

供应合同是供应链节点上企业间为进行交易而签订的明确双方权利义务的书面协议。所要签订的合同会对签订双方的责任和义务做出详细明确的规定，除此之外，对各种突发状况的应对方式以及在合作过程中可能会出现的风险分配等都会做出明确的规定，通过条款的设计和遵守来促使企业间积极的信息交流共享。

(2)设计价格激励体系。

针对不同的企业，应根据其规模大小、所共享的信息量以及其他能力特征，设计及实施具有针对性的价格激励模型。促使更多的企业加入到供应链合作中，分享更多有价值的信息。比如，位于供应链上游的供销商、经销商、制造商为了获得质量良好且能稳定供应的原材料合作伙伴，可以对上游的供销商和下游的经销商采取具有针对性的价格折扣战略，使更多的企业加入到供应链企业共享团队中；当各交易方的信息共享水平达到某一特定阈值时，供应链企业所处的外部环境的不确定性就会降低，同时有助于实现供企业间的效益最大化。

(3)构建信息共享的成本分担协议。

信息共享的成本包括从信息收集到变现这个信息共享过程中所花费的一切费用。在实现信息共享的过程中，会涉及一些通信设备的投资建设，与此同时，拥有私人信息的企业在获取信息时也会花费另外的成本，在某些情形下，这些投资的金额都十分庞大，如果仅靠提供信息方自行承担，可能会导致其企业不愿共享信息或者合作意愿降低。所以本着公平公正的原则，构建信息共享成本分担协议，规定参与供应链企业间信息共享的各方通过所签订的共享成本分摊协议来合作，有利于供应链企业间合作的顺畅运行。基于我国海洋工程装备制造业供应链企业间合作的企业存在技术“一对一”的单一化服务的特点，以海洋工程装备制造业总装企业为核心的一部分股权互换奖励机制，能够在一定程度上实现海洋工程装备制造业供应链企业间合作风险共担，信息共享。同时能够保证在供应链企业间合作过程中利益一致性的同时，维持合作的稳定，进而增加供应链企业间的信任程度以及共享信息平台的高效健康运转。

7.3.3 建立基于信息共享的约束机制

海洋工程装备制造业供应链企业间信息共享约束机制是对供应链企业间合作、协议、生产、运营中的所有行为进行明确的约定。部分企业为提升自身的信誉度，树立良好的企业声誉和形象，在合作初期都会对各种活动高度配合。但是这种配合具有不稳定性、不确定性。目前我国海洋工程装备制造业具有高技术性、高集成性、高附加值等特点，信息技术对海洋工程装备制造业的发展尤为重要，供应链企业间发布的共享信息必须真实、完整、时效，并保障信息安全，防止泄露。因此，海洋工程装备制造业供应链企业间共享信息平台构建需要做到以下几个方面：第一，设定信息访问权限，针对海洋工程装备制造业供应链节点企业的级别，设置严格的信息数据库访问权限；第二，制定信息交换的沟通路径，确保信息传递过程中的安全性；第三，制定信息泄露的法律法规，最大限度降低海洋工程装备制造业供应链企业间合作的违约协议数量，严惩出卖信息的行为；第四，通过供应链企业间不可撤回性投资来牵制住对方，达到利益得失高度重合的状态。海洋工程装备制造业供应链企业必须像关心自己的利益一样关心其他企业的兴衰成败，从根本上消除通过背叛、机会主义行为得益的可能性。

7.4 本章小结

海洋工程装备制造业供应链企业间合作的保障机制需要从外部环境与内部环境两个方面来进行探讨，构建海洋工程装备制造业供应链企业间信任机制、信息共享机制，加强企业间信息沟通与协调，能够有效遏制供应链企业间机会主义行为发生，实现企业间的长期合作。同时基于海洋工程装备制造业外部环境的不确定性、突发性构建供应链企业间合作组织即兴机制，能够加强供应链组织柔性以及海洋工程装备制造业供应链交互系统，提升海洋工程装备制造业供应链企业应对突发外部环境不确定性的能力。海洋工程装备制造业供应链企业间信任机制、信息共享以及合作组织即兴机制的供应链企业间保障机制，对突破我国海洋工程装备制造业供应链企业间合作发展的瓶颈，具有一定的理论和现实意义。

结　论

目前,随着全球经济一体化以及国际竞争日益激烈,供应链企业间合作联盟已经成为海洋工程装备制造业主要发展模式,因此,如何通过供应链管理促进企业间的合作并保持其合作健康、有序、高效发展已经成为海洋工程装备制造业供应链管理研究的新方向。本书以资源依赖理论、多属性决策理论、合作行为理论、关系治理理论为基础,从以下方面展开研究:海洋工程装备制造供应链企业间合作的动因、合作伙伴的选择、合作绩效的研究,并在此研究基础上,系统探究海洋工程装备制造业供应链企业间合作保障机制,主要研究结论如下:

第一,在海洋工程装备制造业供应链发展过程中存在以下问题,供应链节点企业之间对合作的认同度不高,合作默契度较低,企业间信任度不高,企业合作绩效有待提高等。本书围绕海洋工程装备制造业供应链企业间合作动力问题展开,构建基于"利益驱动、技术驱动、市场导向、资源驱动"四个驱动力的供应链企业间合作动力模型,利益是驱使海洋工程装备制造业供应链节点企业间进行合作的基础驱动力。技术创新和市场导向是决定供应链节点企业未来可持续发展方向的重要驱动力。采用结构方程和三角模糊数研究方法对海洋工程装备制造业供应链节点企业进行实证分析,研究结果表明,结果变量依次为前瞻型市场导向、响应型市场导向、资源依赖、资源整合。原因型动因包括企业间规模效益、成本降低、技术创新、研发风险。

第二,海洋工程装备制造业具有技术保密性、复杂性、战略性等特点,很难通过量化指标研究其合作中的影响因素。本书基于扎根理论、GRNN - DEMATEL 研究方法,识别出海洋工程装备制造业供应链企业间合作关系的构建与维持的影响因素,研究结果表明,供应链企业运营与技术能力是企业选择合作伙伴的必要条件,企业声誉、企业间合作意愿是企业间合作伙伴关系最终得以构建的充分必要条件。企业合作行为包括供应链企业间信任与企业间沟通协调能够继续稳定维持并向着好的方向发展的必要条件,机会主义是企业间合作中不可避免的负向行为因素,是企业间选择继续或终止合作的关键因素。供应链企业间合作的外部环境因素具有典型的不确定性、突发性,是海洋工程装备制造企业在合作中予以考虑的环节,企业组织即兴能力是供应链企业合作应对外部环境不确定性和突变性的重要手段。

第三，合作伙伴评价与选择是供应链企业间合作关系构建的首要环节，本书构建供应链企业间合作伙伴选择评价指标体系，评价指标包括：企业运营及技术能力、企业声誉、企业合作意愿。运用数学模型与改进的 PSO - TOPSIS 微粒算法求解相关三个指标权重。微粒算法定权的改进 TOPSIS 法，通过以最优和最劣对象距离之和最小为准则，建立关于权重的非线性规划问题，通过记忆与反馈机制，能够有效解决企业合作伙伴候选人数量多、评价指标多、决策者判断不确定的问题，研究结果具有快速且较好的全局性，克服了传统 TOPSIS 的不足。

第四，以供应链企业合作行为作为因变量，以供应链企业间合作绩效为结果变量，建立以供应链企业间信任与沟通协调能力作为调节变量的供应链企业间合作绩效影响因素模型，供应链企业的机会主义行为对供应链企业间合作有显著负向影响，为了尽量避免机会主义行为的负向作用，本书认为通过企业间信任、信息共享、风险共担能够降低机会主义行为发生的概率，促进海洋工程装备制造业供应链企业间合作关系的维持与发展。

第五，外部环境的不确定性、突发性以及内部环境中企业如何避免机会主义行为是海洋工程装备制造业供应链企业间合作不可避免的影响因素，在影响因素识别与供应链企业间合作绩效影响机理分析研究结论的基础上，进一步对海洋工程装备制造业供应链企业间合作保障机制进行了探究，构建海洋工程装备制造业供应链企业间合作组织即兴机制、信任机制、信息共享机制。企业间信任机制、信息共享机制的有序运行是供应链企业间合作具有长期稳定性的关键，其有效合作契约和监管能够在实现企业间的长期高效率合作的同时达到遏制机会主义行为的目的。外部环境的动态性、不确定性变化是海洋工程装备制造业供应链企业间合作中不可避免的因素，企业间组织即兴机制的构建，能够有效应对突变性事件，并对其做出有效的反应，及时提出应对措施。

第六，本书基于海洋工程装备制造业供应链企业间合作关系研究中存在不足，在供应链企业间合作动力机制的研究中，没有进一步对动因之间的相互关系及相互影响做展开分析，这也是作者后续的研究方向。

附　录　1

海洋工程装备制造业供应链企业间合作动力调查问卷

尊敬的先生/女士：

哈尔滨工程大学经济与管理学院目前正在开展供应链企业间合作关系管理研究的问卷调查，恳请您在百忙之中抽出时间完成待查问卷，本问卷不会占用您很多宝贵时间，为保证调查问卷的严谨性、可操作性，请您留下联系方式，研究结束后，我们将为您免费提供研究成果，以表示对您由衷的感谢。

驱动力		题项	完全不同意			中立		极大赞同	
利益驱动	成本降低	供应链节点企业间合作能够有效降低企业生产成本	1	2	3	4	5	6	7
		供应链节点企业间合作能够有效降低研发成本	1	2	3	4	5	6	7
		供应链节点企业间合作能够有效降低公司治理成本	1	2	3	4	5	6	7
		供应链节点企业间合作能够有效降低企业运营成本	1	2	3	4	5	6	7
		企业合作中共享生产技术、生产能力库存等信息以及市场需求预测信息	1	2	3	4	5	6	7
		供应链节点企业合作能够有效降低企业生产的时间成本	1	2	3	4	5	6	7
		供应链节点企业间合作能够有效降低原材料采购成本	1	2	3	4	5	6	7
		供应链节点企业间合作能够有效降低企业间监督管理成本	1	2	3	4	5	6	7
		供应链节点企业间合作后劳动的生产率有所提高	1	2	3	4	5	6	7
	企业规模经济	供应链节点企业间通过合作企业生产规模有所提升	1	2	3	4	5	6	7
		供应链节点企业间通过合作国际市场地位有所提升	1	2	3	4	5	6	7
		供应链节点企业人力资源数量有所提升	1	2	3	4	5	6	7
		供应链节点企业间合作能够帮企业获取更多的超额利润	1	2	3	4	5	6	7
		供应链节点企业间合作后企业的产品线延长	1	2	3	4	5	6	7

续表

驱动力		题项	完全不同意			中立		极大赞同	
技术驱动	技术创新	供应链节点企业合作研发关键技术	1	2	3	4	5	6	7
		供应链节点企业合作制定产品技术标准	1	2	3	4	5	6	7
		供应链节点企业合作提升技术方面的核心能力	1	2	3	4	5	6	7
		供应链节点企业合作促使专利技术数量增多	1	2	3	4	5	6	7
		供应链节点企业合作降低企业间技术创新研发经费投入	1	2	3	4	5	6	7
		供应链节点企业合作提升合作技术创新成功率	1	2	3	4	5	6	7
		供应链节点企业通过合作降低企业研发的失败率	1	2	3	4	5	6	7
		供应链节点企业通过合作降低企业研发投入	1	2	3	4	5	6	7
		供应链节点企业通过合作借鉴伙伴的成功经验	1	2	3	4	5	6	7
	研发风险降低	供应链节点企业通过技术合作扬长避短	1	2	3	4	5	6	7
		供应链节点企业通过技术合作互动提高产品质量可能性增大	1	2	3	4	5	6	7
		企业间信息共享、风险共担、利益分享等程度都有所提升	1	2	3	4	5	6	7
		供应链节点企业能够主动承担研发失败的成本	1	2	3	4	5	6	7
市场导向	前瞻型市场导向	供应链节点企业间合作能够不断协助顾客预先考虑市场的发展	1	2	3	4	5	6	7
		供应链节点企业间合作将潜在顾客的需求具体化显现在新产品和服务上	1	2	3	4	5	6	7
		供应链节点企业间合作对产品售后服务和客户满意度研讨	1	2	3	4	5	6	7
		供应链节点企业对客户的需求进行技术上的可行性分析	1	2	3	4	5	6	7
		供应链节点企业间合作对产品的特殊工作领域在技术上进行可行性分析	1	2	3	4	5	6	7
		供应链节点企业间合作致力于从产品研发到产品服务的技术创新	1	2	3	4	5	6	7
		供应链节点企业合作能够预测现有客户的未来需求	1	2	3	4	5	6	7
		供应链节点企业合作与客户密切联系关注市场潜在需求以提升预测能力	1	2	3	4	5	6	7

续表

驱动力		题项	完全不同意			中立		极大赞同	
市场导向	响应型市场导向	供应链节点合作企业不断审视对顾客的承诺以满足顾客需求	1	2	3	4	5	6	7
		供应链节点合作企业经常跨企业技术交流	1	2	3	4	5	6	7
		供应链节点合作企业经常组织参加科技研讨会并分享相关信息	1	2	3	4	5	6	7
		供应链节点合作企业共同致力于满足更多的客户需求	1	2	3	4	5	6	7
		供应链节点合作企业更注重通过市场竞争提升市场占有率	1	2	3	4	5	6	7
		供应链节点合作企业相信通过合作能够提升企业整体核心竞争力	1	2	3	4	5	6	7
		供应链节点合作企业帮助企业内部与外部协调提升客户信任度	1	2	3	4	5	6	7
资源驱动	资源整合	供应链节点合作企业通过合作累积能够提升自我能力	1	2	3	4	5	6	7
		供应链节点合作企业能够有效运用行业的全新能源	1	2	3	4	5	6	7
		供应链节点合作企业能够开发新的资源在新的业务领域中使用	1	2	3	4	5	6	7
		供应链节点合作企业能够从外部获取更多的有效资源以发展现有业务领域	1	2	3	4	5	6	7
		供应链节点合作企业能够充分利用现有资源拓展有效市场	1	2	3	4	5	6	7
	资源依赖	供应链节点合作企业利用新资源开发新产品、新市场，提供新服务	1	2	3	4	5	6	7
		供应链节点企业对核心企业的依赖程度	1	2	3	4	5	6	7
		核心企业对供应链节点企业的依赖程度	1	2	3	4	5	6	7
		企业不与合作伙伴合作时，与其他公司合作时企业间收益率降低	1	2	3	4	5	6	7
		企业不与合作伙伴合作时，与其他公司合作的成本更高	1	2	3	4	5	6	7
		企业间可替代性较低	1	2	3	4	5	6	7
		与合作伙伴可以选择的合作范围很大	1	2	3	4	5	6	7

其他信息：

公司名称：	公司员工数量：
企业性质：	公司技术人员数量：
所在部门、职位：	供应链企业合作年限：
公司成立时间：	

附 录 2

海洋工程装备制造业供应链企业间合作绩效研究调查问卷

尊敬的先生/女士：

哈尔滨工程大学经济与管理学院目前正在开展供应链企业间合作关系管理研究的问卷调查，恳请您在百忙之中抽出时间完成待查问卷，本问卷不会占用您很多宝贵时间，为保证调查问卷的严谨性、可操作性，请您留下联系方式，研究结束后，我们将为您免费提供研究成果，以表示对您由衷的感谢。

驱动力	题项		完全不同意			中立		极大赞同	
机会主义行为	V1	海洋工程装备制造业供应链节点企业合作伙伴为获得所需夸大需求	1	2	3	4	5	6	7
	V2	海洋工程装备制造业供应链节点企业合作伙伴并不总是真诚	1	2	3	4	5	6	7
	V3	海洋工程装备制造业供应链节点企业合作伙伴会为获得需要的利益等而扭曲事实	1	2	3	4	5	6	7
	V4	海洋工程装备制造业供应链节点企业不诚实议价	1	2	3	4	5	6	7
	V5	海洋工程装备制造业供应链节点企业合作伙伴在谈判时描述偶尔不属实	1	2	3	4	5	6	7
	V6	海洋工程装备制造业供应链节点企业合作伙伴为了自己的利益违背正式或非正式的协议	1	2	3	4	5	6	7
	V7	海洋工程装备制造业供应链节点企业为获取利益，合作伙伴拒绝变更合同以适应新的环境	1	2	3	4	5	6	7
	V8	海洋工程装备制造业供应链节点企业合作伙伴利用环境的变化来取得利益	1	2	3	4	5	6	7
合作绩效	V9	海洋工程装备制造业供应链节点企业合作伙伴之间合作目标的完成程度、企业技术能力及企业获利能力有效提升	1	2	3	4	5	6	7

续表

驱动力			题项	完全不同意			中立		极大赞同	
合作绩效		V10	海洋工程装备制造业供应链节点企业间合作推动海洋工程装备制造业产品交付及时性和灵活性提高	1	2	3	4	5	6	7
		V11	海洋工程装备制造业供应链节点企业间合作的满意程度提高以及企业间长期合作意愿强烈	1	2	3	4	5	6	7
		V12	海洋工程装备制造业供应链节点企业合作推动市场占有份额提高以及企业配套率提高	1	2	3	4	5	6	7
企业间信任机制	企业间善意信任	V13	海洋工程装备制造业供应链节点企业合作伙伴能够很好地履行企业要求并履行合作承诺	1	2	3	4	5	6	7
		V14	海洋工程装备制造业供应链节点企业合作伙伴能非常好地遵守承诺	1	2	3	4	5	6	7
		V15	海洋工程装备制造业供应链节点企业合作伙伴能公平诚信地对待谈判	1	2	3	4	5	6	7
		V16	海洋工程装备制造业供应链节点企业合作伙伴不会利用我们的弱点来获取利润并在制作重大决策时考虑双方的利益	1	2	3	4	5	6	7
	企业间能力信任	V17	海洋工程装备制造业供应链节点企业合作伙伴愿意和我们共享需求、工程进度信息	1	2	3	4	5	6	7
		V18	海洋工程装备制造业供应链节点企业合作伙伴愿意和我们共享技术等资源信息并开始技术交流等活动	1	2	3	4	5	6	7
		V19	海洋工程装备制造业供应链节点企业合作伙伴构建信息共享平台	1	2	3	4	5	6	7
		V20	海洋工程装备制造业供应链节点企业合作伙伴愿意共享库存、物流、工艺流程等信息	1	2	3	4	5	6	7
企业间沟通协调能力	信息共享	V21	海洋工程装备制造业供应链节点企业合作双方的企业文化相匹配	1	2	3	4	5	6	7
		V22	海洋工程装备制造业供应链节点企业合作双方的发展战略相匹配	1	2	3	4	5	6	7
		V23	海洋工程装备制造业供应链节点企业高层领导支持合作伙伴关系的发展	1	2	3	4	5	6	7
		V24	海洋工程装备制造业供应链节点企业在合作过程中都能充分信任对方	1	2	3	4	5	6	7
		V25	海洋工程装备制造业供应链节点企业合作建立了高素质的合作团队	1	2	3	4	5	6	7

续表

驱动力			题项	完全不同意			中立		极大赞同	
企业间沟通协调能力	风险共担	V26	海洋工程装备制造业供应链节点企业合作共同制订行动计划来解决运营管理问题	1	2	3	4	5	6	7
		V27	海洋工程装备制造业供应链节点企业合作制定共同策略来提升供应链成本效率	1	2	3	4	5	6	7
		V28	海洋工程装备制造业供应链节点企业合作构建沟通协调平台并听取彼此建议	1	2	3	4	5	6	7

其他信息：

公司名称：	公司员工数量：
企业性质：	公司技术人员数量：
所在部门、职位：	供应链企业合作年限：
公司成立时间：	

参 考 文 献

[1]陶永宏,陈勇. 基于SWOT分析的我国海洋工程装备制造业发展战略思考[J]. 江苏科技大学学报(社会科学版),2010(3):32-35.

[2]丁莹莹. 我国海洋能产业技术创新系统研究[D]. 哈尔滨:哈尔滨工程大学,2013.

[3]马士华. 论核心企业对供应链战略伙伴关系形成的影响[J]. 工业工程与管理,2000(1):24-27.

[4] BADILLO E, MORENO R. What drives the choice of partners in R&D cooperation Heterogeneity across sectors[J]. Regional quantitative analysis research group,2012(6):31.

[5] HE Z, XU M. Research on the dynamic mechanism of enterprise synergy innovation: a literature review[J]. Asian social science,2017,13(1):141-150.

[6]GANG D. Analyzing the dynamic evolution of co-opetition mechanism among shipping service resources[J]. Open journal of social science,2015,3(7):51-55.

[7]WEIGELT C,MILLER D J. Implications of internal organization structure for firm boundaries [J]. Strategic management journal,2013,34(12):1411-1434.

[8] CARBONI O A. Heterogeneity in R&D collaboration: an empirical investigation [J]. Stuctural change and economic dynamics,2013(25):48-59.

[9]OWENS M. Partner identification and selection of joint ventures in international retailing[J]. Service industries journal,2012,32(3):383-410.

[10] STEIJN B, KLIJN E, EDELENBOS J. Public private partnerships: added value by organizational form or management[J]. Public administration,2011,89(4):1235-1252.

[11]CRAMM J M,PHAFF S,NIEBOER A P. The role of partnership functioning and synergy in achieving sustainability of innovative programme in community care[J]. Health and social care in community,2013,21(2):209-215.

[12] SINGH R, BAIRD A, MATHIASSEN L. Collaboration risk management in IT-enabled asymmetric partnerships: evidence from telestroke networks [J]. Information and organization,2018,28(4):170-191.

[13]曾文杰,马士华. 供应链合作关系相关因素对协同的影响研究[J]. 工业工程与管理,2010(2):1-7.

[14]张旭梅,陈伟. 供应链企业间信任、关系承诺与合作绩效:基于知识交易视角的实证研究[J]. 科学学研究,2011(12):1865-1874.

[15]付丙海,谢富纪,韩雨卿. 创新链资源整合、双元性创新与创新绩效:基于长三角新创企业的实证研究[J]. 中国软科学,2015(12):176-186.

[16]曹永辉. 供应链合作关系对供应链绩效的影响——基于长三角企业的实证研究[J]. 经济与管理,2013(2):44-50.

[17]胡海青,薛萌,张琅. 供应链合作关系对中小企业营运资本的影响研究:基于供应链融资的视角[J]. 经济管理,2014,36(8):54-65.

[18]李忆,张俊岳,刘小平. 供应链合作关系调节效应研究——基于成熟企业与新创企业的对比[J]. 科技进步与对策,2013,30(8):95-101.

[19]李金华,黄光于. 供应链社会责任治理机制、企业社会责任与合作伙伴关系[J]. 管理评论,2019,31(10):242-254.

[20]杨红雄,朱考志. 企业间互动合作、供应链动态能力与经济效益的关系[J]. 系统工程,2019,37(4):151-158.

[21]马蓝,安立仁. 企业间知识合作动机研究述评与展望[J]. 华东经济管理,2015,29(10):152-160.

[22]党兴华,李玲,张巍. 技术创新网络中企业间依赖于合作动机对企业合作行为的影响研究[J]. 预测,2010(5):37-41,47.

[23]周贵川,揭筱纹. 企业间合作技术创新模式选择研究[J]. 科技进步与对策,2012(6):73-78.

[24]冯长利,王勇,张羿. 基于博弈论的知识联盟合作创新研究[J]. 情报杂志,2009(7):91-95.

[25]邹璇,张梦雨. 风险投资、融资约束与新能源企业创新——基于异质性双边随机前沿模型[J]. 工业技术经济,2020(1):3-12.

[26]李柏洲,尹士,罗小芳. 集成供应链企业合作创新伙伴动态选择研究[J]. 工业工程与管理,2018,23(3):123-131.

[27]郑登攀,党兴华. 网络嵌入性对企业选择合作技术创新伙伴的影响[J]. 科研管理,2012(1):154-160.

[28]雷纶源,刘和东. 合作创新伙伴选择的有效机制研究[J]. 南京工业大学学报(社会科

学版),2015(4):85-91.

[29]程巧莲,胡珑瑛,崔双双. 基于知识转移的合作创新伙伴信任评价研究[J]. 运筹与管理,2014(1):143-150.

[30]刘岩,高艳慧,沈聪. 技术知识基础多元度对企业合作创新伙伴选择的影响研究[J]. 技术经济,2020,39(9):1-10.

[31]刘克寅,汤临佳. 基于异质性要素匹配的企业合作创新作用机理研究[J]. 科技管理研究,2016,36(7):11-18.

[32]曹霞,刘国巍,付向梅. 基于偏好和动态直觉的产学研合作伙伴选择群决策分析[J]. 运筹与管理,2013(4):33-41.

[33]李柏洲,尹士. 基于一致性的制造业企业伙伴选择多属性决策模型研究——合作创新视角[J]. 运筹与管理,2018,27(6):6-13.

[34]邵明辉,吴彪,张路蓬. 创新合作伙伴的 SVM - TOPSIS 优选决策分析[J]. 哈尔滨工程大学学报,2018,39(1):179-186.

[35]黄梦醒,潘泉,施建宇,等. 基于多分类器融合的供应链伙伴动态选择方法[J]. 计算机集成制造系统,2007(6):1131-1136.

[36]张敬文,江晓珊,周海燕. 战略性新兴产业技术创新联盟合作伙伴选择研究——基于 PLS - SEM 模型的实证分析[J]. 宏观经济研究,2016(5):79-86,159.

[37]吴小东,黄剑锋. 海洋工程装备产业的关联因素分析与发展对策——基于"钻石模型"与灰色关联分析法[J]. 科技管理研究,2013(22):126-130.

[38]吴宾,杨一民,娄成武. 中国海洋工程装备制造业政策文献综合量化研究[J]. 科技管理研究,2017(12):103-110.

[39]张哲,郑国富,丁兰,等. 福建省海洋工程装备产业现状与发展对策探讨[J]. 海洋开发与管理,2018(5):114-118.

[40]刘佳. 南通海工装备制造业自主创新路径研究[J]. 江苏商论,2017(10):92-96.

[41]王奇,纪建悦. 我国海工装备制造业上市公司效率评价研究[J]. 海洋经济,2017,7(5):13-21,29.

[42]刘全,黄炳星,王红湘. 海洋工程装备产业现状发展分析[J]. 中国水运(下半月刊),2011(3):37-39.

[43]李钊,刘家国. 海洋工程装备项目的 BOL 材料追溯模型[J]. 哈尔滨工程大学学报,2011,32(4):525-529.

[44]洪欣洋. 技术创新效率动态分析——基于我国海洋工程装备制造企业的调查与研究

[J]. 北方经贸,2016(5):76-77.

[45]程逸飞. 我国海洋工程装备制造企业管制体系研究[D]. 哈尔滨:哈尔滨工程大学,2014.

[46]SRIVASTAVA M K. Coordination mechanisms for supply chain:a review[J]. Journal of supply chain management systems,2017,4(6):22-32.

[47]魏志华,朱彩云. 超额商誉是否成为企业经营负担——基于产品市场竞争能力视角的解释[J]. 中国工业经济,2019(11):174-192.

[48]候俊东,杜兰英,吕军. 企业实施市场导向的影响因素:中国经验[J]. 软科学,2011,25(7):102-106.

[49]詹坤,邵云飞,唐小我. 联盟组合的形成与价值实现路径[J]. 科技管理研究,2019,39(7):206-214.

[50]丁莹莹,乔琳. 供应链协同对企业创新绩效的影响[J]. 统计与决策,2020,36(5):169-172.

[51]GADDE L E,DUBOIS A. Partnering in the construction industry problems and opportunities[J]. Journal of purchasing and supply management,2010(16):254-263.

[52]肖汉杰,唐卫宁,彭定洪. 资源禀赋异质下的产业共性技术协同创新演化博弈研究[J]. 科技管理研究,2019(15):118-124.

[53]原毅军,孙大明. FDI 技术溢出、自主研发与合作研发的比较——基于制造业升级的视角[J]. 科学学研究,2017(9):1334-1347.

[54]霍国庆,杨阳,张古鹏. 新常态背景下中国区域创新驱动发展理论模型的构建研究[J]. 科学学与科学技术管理, 2017,38(6):77-93.

[55]郑洁如,贺筱. 市场导向、资源拼凑与商业模式创新的实证研究[J]. 商业经济研究,2019(22):122-125.

[56]周飞,沙振权,孙锐. 市场导向、资源拼凑与商业模式创新的关系研究[J]. 科研管理,2019(1):113-120.

[57] DIBRELL C, CRAI J, HANSEN E. Natural environment, market orientation, and firm innovativeness: an organizational life cycle perspective[J]. Journal of small business management,2011,49(3):467-489.

[58]伍勇, 梁巧转,魏泽龙. 双元技术创新与市场导向对企业绩效的影响研究:破坏性创新视角[J]. 科学学与科学技术管理,2013(6):140-151.

[59]戴万稳. 基于组织学习过程视角的市场导向理论及其系统整合[J]. 管理学报,2014

(3):344-350.

[60]邓渝. 资源整合对突破性创新的影响研究——联盟伙伴竞争的调节作用[J]. 管理评论,2019,31(11):71-79.

[61]马跃,冉爱晶,朱方伟. 基于 GRNN - DEMATEL 的工业化对信息化促进效率影响因素分析[J]. 科研管理,2017,38(7):153-160.

[62]崔强,武春友,匡海波. 基于 RBF - DEMATEL 的交通运输低碳化能力影响因素研究[J]. 科研管理,2013(10):131-137.

[63]曾文杰,马士华. 制造行业供应链合作关系对协同及运作绩效影响的实证研究[J]. 管理学报,2010(8):1221-1227.

[64]王毅. 中国企业智能制造核心技术能力——未来的持续竞争优势之源[J]. 清华管理评论,2018(12):92-99.

[65]李晓宇,陈国卿. 信息技术投入、技术创新动态能力与企业绩效关系研究[J]. 科技进步与对策,2019,36(16):100-107.

[66]缪荣,茅宁. 公司声誉概念的三个维度——基于企业利益相关者价值网络的分析[J]. 经济管理,2015(11):6-11.

[67]卢志刚,管未. 基于声誉的多时段多属性供应链伙伴选择模型[J]. 计算机应用,2014,34(11):3258-3263.

[68]李海芹,张子刚. CSR 对企业声誉及顾客忠诚度影响的实证研究[J]. 南开管理评论,2010(1):90-98.

[69]STILL K,HUHATAM J,MARTHA G,et al. Insights for orchestrating innovation ecosystems: the case of EIT ICT labs and data - driven network visualizations[J]. International journal of technology management,2014,66(2/3):243-265.

[70] HAGEDOCM J. Understanding the rational of strategic technology partnering: inter - organizational modes of cooperation and sectoral differences[J]. Strategic management journal,2013,14(5):371-385.

[71]王发明,彭长虹. 中小企业及新创企业与创新生态系统领导企业合作意愿博弈分析[J]. 科技进步与对策,2017,34(23):121-125.

[72]林梅. 合作意愿对产学研协同创新成果转化的作用[J]. 科技创业,2017,23(23):10-12.

[73]韩国元,陈伟,冯志军. 企业合作创新伙伴的选择研究——基于微粒群算法定权的改进 TOPSIS 法[J]. 科研管理,2014,35(2):119-126.

[74]朱方伟,宋昊阳,王鹏,等. 国有集团母子公司管控模式的选择:多关键因素识别与组合影响[J]. 南开管理评论,2018,21(1):75-87.

[75]叶飞,张婕,吕晖. 供应商机会主义行为对信息共享与运营绩效的影响[J]. 管理科学,2012(2):51-60.

[76]周海军,杨忠. 供应链企业间机会主义行为及关系契约治理研究——基于抵押物模型的实证分析[J]. 南京社会科学,2014(1):43-51.

[77]王丽平,韩静静. 供应链企业间机会主义行为对合作绩效的影响——交互能力和信任的中介作用[J]. 价值工程,2016(2):76-79.

[78]乔琳,丁莹莹. 供应链企业间合作行为对企业间合作绩效的影响[J]. 统计与决策,2019(11):186-188.

[79]ANDERSON J A,FAFF R W. Point and figure charting:a computational methodology and trading rule performance in the S&P 500 future market[J]. International review of financial alalysis,2008,17(1):198-217.

[80]宋永涛,苏秦,李钊,等. 供应链关系质量对合作行为影响的实证研究[J]. 预测,2009(3):27-33.

[81]姜骞. 供应链企业间信任对供应链合作稳定性的作用机制[J]. 中国流通经济,2016,30(9):60-69.

[82]李拓晨,乔琳,杨萍. 企业间信任对供应链企业组织即兴的影响机理研究——供应链柔性的中介作用与交互记忆系统的调节作用[J]. 南开管理评论,2018,21(4):74-84.

[83]王军,曹光明,江若尘. 组织即兴的形成机制研究:基于社会网络和组织学习理论[J]. 外国经济与管理, 2016(2):33-48.

[84]陶厚永,王秀红,刘洪. 组织即兴及其对企业应对危机的意义研究[J]. 外国经济与管理,2009(9):53-59.

[85]丁道韧,陈万明. 自我效能感对个体即兴作用机制研究——基于个体结果期望的中介作用及组织支持的调节作用[J]. 预测,2017,36(1):21-27.

[86]SREEDEVI R,SARANGA H. Uncertainty and supply chain risk:the moderating role of supply chain flexibility in risk mitigation[J]. International journal of production economics,2017,193:332-342.

[87]CHEN X,WAN N,WANG X. Flexibility and coordination in a supply chain with bidirectional option contracts and service requirement[J]. International journal of production economics,2017,193(11):183-192.

[88] CHRISTIAN J S, PEARSALL M J, CHRISTIAN M S, et al. Exploring the benefits and boundaries of transactive memory systems in adapting to team member loss[J]. Group dynamics theory research and practice, 2015, 18 (1): 69.